潍坊历史地理

王列生　徐永海　丁萍萍／著

五洲传播出版社

天津大学出版社

图书在版编目（ＣＩＰ）数据

潍坊历史地理 / 王列生, 徐永海, 丁萍萍著. --
北京 : 五洲传播出版社 ; 天津 : 天津大学出版社,
2024.5
　ISBN 978-7-5085-5191-3

　Ⅰ. ①潍… Ⅱ. ①王… ②徐… ③丁… Ⅲ. ①潍坊—
地方史 Ⅳ. ①K295.23

中国国家版本馆CIP数据核字(2024)第056102号

作　　　者：王列生　徐永海　丁萍萍
图　　　片：王列生　丁萍萍
出 版 人：关　宏
责任编辑：梁　媛　侯琴雅
装帧设计：青芒时代　张伯阳

潍坊历史地理
出版发行：五洲传播出版社
地　　　址：北京市海淀区北三环中路31号生产力大楼B座6层
邮　　　编：100088
电　　　话：010-82005927, 82007837
网　　　址：www.cicc.org.cn, www.thatsbook.com
印　　　刷：北京市房山腾龙印刷厂
版　　　次：2024 年 5 月第 1 版第 1 次印刷
开　　　本：710 mm × 1000 mm　1/16
印　　　张：13.25
字　　　数：185千
定　　　价：78.00元

此乃研究潍坊历史地理、城坊、交通，视角独特之新著。
作者重考古与历史相结合，现场踏勘颇多新见，饶有新义。

——孙敬明

《潍坊历史地理》是由资深城市规划工作者，花费大量时间和精力编写完成的一本关于潍坊城市历史地理的著作。

国土空间规划与历史地理分别属于两个不同的学科领域，前者关注的是现代城市与区域的可持续发展，后者则是关于历史时期区域与城市的文化景观与人地关系的演变过程研究。但从文化发展的连续性与传承性来看，两者之间不仅是有关系的，而且存在密不可分的关系。

早在1976年，北京大学教授侯仁之先生应当地政府邀请，亲自带队到山东淄博实地调研，针对当地的经济和文化发展需要，编写了题目为《淄博市主要城镇的起源和发展》的研究报告。这个报告从历史地理学的角度，系统而深刻地研究了淄博地区城市体系的历史地理演变过程，指出了临淄、周村、张店、辛店等城市的起源、发展、城址转移、城市布局、人口变化，与区域自然环境、交通道路、区域经济、区域文化、区域军事之间的内在联系和内在机制。这个研究报告得到了当地政府的高度认可，其中的见解和建议被吸收到了当时的地方城市建设发展规划中。《淄博市主要城镇的起源和发展》可以说是一部为山东地方经济文化建设规划提供理论参考的城市历史地理研究开山之作，至今仍具有重要的引领和示范作用。

侯仁之先生在《淄博市主要城镇的起源和发展》报告中格外重视东西向的东方大道（周村—张店—辛店—临淄一线）与南北向的海岱大道（泰安—博山—淄川—张店一线）构成的区位条件对于淄博地区城市体系形成、发展、变化的影响。

仔细阅读《潍坊历史地理》，不难看出全书的研究框架和研究手法，明显受到了侯仁之先生所著《淄博市主要城镇的起源和发展》的影响。在研究角度上同样强调交通区位条件的重要性，在研究内容上正好填补了古代东方大道临淄以东白浪河流域的城市研究空白。从某种程度上来说，这本书是侯仁之先生淄博城市地理研究工作在潍坊国土空间研究领域的延续和拓展，是历史地理学与国土空间规划工作的有机结合。《潍坊历史地理》全书十余万字，作者搜集了大量的历史文献和考古资料，在实地考察的基础上，对潍坊地区的城市起源、城址转移与东方大道、海岱大道、白浪河谷地之间的关系做了系统的梳理和深入分析。作者以国土空间规划的工作经验切入潍坊城市历史地理，实地调查与文献考证并重，论证充分，见解独到。

《潍坊历史地理》的研究工作有两个突出的特点，一是重视对自然地理条件的分析，二是重视对临淄—潍坊大道、白浪河谷地的交通区位分析。根据作者的研究，潍坊地区古代城市的分布与白浪河谷地的特殊地形条件关系密切，在城市发展过程中，主要分为两个阶段，即"白浪河上游以古城村为中心的阶段"和"白浪河下游以潍县城为中心的阶段"。而这两个阶段城市的发生、发展和城址转移，又与经过潍坊城的东西走向的东方大道联系密切。

有关古代中原联系山东地区的东方大道的文字记载，可以上溯到西周初年。太公姜尚就封齐国，走的就是这条著名的东方大道。这条大道从关中向东，出函谷关，经洛阳盆地，出虎牢关，经开封、菏泽、章丘，沿着鲁中山地的北缘，向东到达齐国都城临淄。西周初年，临淄以东的胶东地区，包括今天的潍坊白浪河流域，还属于东夷文化的影响范围，尚未出现具有较大规模的城市和城市系统。

《史记·齐太公世家》记载了西周初年东夷与姜太公争国的事情：

"武王已平商而王天下，封师尚父于齐营丘。东就国，道宿行迟，逆旅之人曰：

'吾闻时难得而易失，客寝甚安，殆非就国者也。'太公闻之，夜衣而行，黎明至国。莱侯来伐，与之争营丘，营丘边莱，莱人夷也。"

西周初年，营丘在今天的临淄附近，位于潍坊西面，这一带大约是当时东夷文化的西界。自西周初年齐国分封之后，随着区域经济文化的发展，齐国发展成为诸侯大国，胶东地区也逐渐融入齐文化之中。"太公至国，修政，因其俗，简其礼，通商工之业，便鱼盐之利，而人民多归齐，齐为大国。"

自西周初年，齐国分封、纾春秋、战国、历经数百年，中原文化沿着这条东方大道逐渐传播，东夷文化逐渐消失，融入了华夏文化之中。秦始皇统一中国后，有关临淄以东地区的记载也逐渐多了起来。在秦朝建立的15年间，秦始皇5次巡游，其中有3次经过了位于这条东方大道东部的潍坊地区。

第一次是在始皇帝二十八年，即公元前219年。"始皇东行郡县，上邹峄山，立石……乃遂上泰山，立石，封，祠祀……于是乃并勃海以东，过黄、腄，穷成山，登之罘，立石颂秦德而去。"在这次巡游中，始皇帝先到泰山封禅，然后沿着海岱大道，穿过齐长城和鲁中山地，到达临淄，然后经潍坊、黄县、福山，到达芝罘岛。

第二次是始皇帝二十九年，即公元前218年。"始皇东游，至阳武博浪沙中（今开封以北），为盗所惊。求弗得，乃令天下大索十日。登之罘，刻石。"这次巡游路线，始皇帝走的是西周姜太公的旧道，沿着东方大道，经过临淄、潍坊一线，到达芝罘岛。

第三次是始皇帝三十七年，即公元前210年。"自琅琊北至荣成山……至之罘……遂并海西。至平原津（山东平原）而病，七月丙寅，始皇崩于沙丘平台。"始皇帝最后一次巡游山东，与前两次不同，走的是自东向西的相反方向，经过芝罘岛、潍坊、临淄，到达当时的黄河渡口平原津。

秦代以后，随着东方大道向胶东地区延伸，潍坊地区的第一批建置城市逐渐发展起来。分布在白浪河上游的潍坊最早建置城市——平寿县城（汉）以及魏晋南北朝时期的北海郡城，就是在这个交通区位条件下发展起来的。而潍坊城市发展的第二个阶段中的城址转移，也是与这个交通区位条件的变化密切相关。

《潍坊历史地理》一书系统地把这个城市发生、发展和变化的过程精细地刻画了出来，为我们深刻理解今天的潍坊城提供了一个很好的参照物。这本著作的学术贡献主要集中在以下四个方面：

其一，是关于史前聚落的研究。白浪河上游沿河7千米左右的范围内，自南向北，分布有马宋遗址、河西遗址、高家庙遗址、古城遗址等，空间上紧密相邻、时间上前后相续，从大汶口文化、龙山文化、夏商周三代直至魏晋南北朝，可谓是潍坊城市之源。

其二，是关于城址转移的研究。今天的潍坊驻地，即近代之潍县城，是由白浪河上游15公里处的汉平寿县城、魏晋南北朝北海郡城转移而来的。汉平寿县城与北海郡城同址同源；北海郡城与北齐高阳郡城、宋金元潍州城，位于同一地理单元，行政职能大致相当。古代城址自上游向下游的迁移，是古人为了寻找更大的平原地区，扩大城市经济发展腹地的结果。

其三，是关于城市空间形态的演化研究。唐末宋初，潍州城作为山东半岛的交通枢纽，跨越青齐大道，城市内部的商业活动突破了坊墙制约，沿街商业空间拓展，街坊由封闭走向开放，进而带动城市商品经济发展。潍州城南门外关厢商贾云集，百货荟萃，发展为潍州城外的集贸区，形成潍州城南部新区，城市用地规模向南扩大了一倍。明清时期，白浪河东岸商业和手工业聚集区，从东关厢发展为东关城，空间规模与潍县城大致相当，形成了"隔河相望、龟蛇相依"的双城风貌。近代以来，随着胶济铁路修通，潍县开埠，潍县城市空间结构出现了"双城一镇"的格局，形成独具特色的近代沿海城市空间结构。

其四，是关于交通区位变迁对于区域经济地理格局的影响。古代陆路交通道路的变迁，如晋末青齐大道南移，导致青州代替临淄成为新的交通枢纽，原有经济地理格局和城镇体系布局随之发生变化。北宋时期，潍州城成为陆路交通要津，兼具半岛海运优势，潍州城继青州城成为山东半岛的交通枢纽，经济地位随之跃升。近代，随着胶济铁路以及海洋贸易的兴起，山东地区经济腹地通过胶济铁路和青岛港联结到海外市场，经济地理格局呈现出东升西降之势，潍坊由于位于传统青齐（登莱）大道与近代胶济铁路的交叉路口，迅速发展为联系青岛、烟台、济南的区域核心城市，从而也带动了周边地区的经济发展。

研究古代城市的目的，是为了更好地理解今天的城市，以建设更加美好的未来城市。城市历史地理学研究的重要性，就在于挖掘和弘扬中华传统城市的历史文化与生态文明，服务于现代城市的文化传承和生态文明建设。显然，《潍坊历史地理》的研究成果对于现代城市的规划工作，是具有重要参考价值的。继承既有的地方文化传统，不断注入新时代的新内涵、新元素，潍坊的城市建设必将会更加美好！

邓辉

2023年12月30日

于北京五道口嘉园

（本文作者为北京大学城市与环境学院教授，北京大学历史地理研究中心主任，

中国地理学会历史地理专业委员会副主任）

要想更深刻地理解城市的现状，我们必须掠过历史的天际线去考察那些依稀可辨的踪迹，去了解城市更远古的结构和更原始的功能，这应成为我们城市研究的首要任务。但这还不够，我们还要循着这些遗迹继续追寻，沿着城市经历的种种曲折和所留下的痕迹，统考有 5000 年文明可考的历史，直到今天正在展现的未来。

——（美）刘易斯·芒福德

考察一座城的现在，单看城市物质空间显然不够，还需从自然环境、地理条件、区位情况、经济发展、社会建设、文化特质等较为宽泛的横向维度加以综合评判。谋划一座城的未来，仅凭当前的区位情况、资源禀赋、基础条件显然也不够，还要回望"来时路"，辨析"去时途"，从城市的自然地理演变、区位变迁、交通发展、空间结构演化、城市性质变化、发展机遇等较长时期的纵向维度予以通盘考量。这一过程的系统化、学术化，实质上即是城市历史地理研究。

曾留学于英国利物浦大学地理系，师从西方历史地理学奠基人之一达比的侯仁之先生，20世纪50年代初回国任教燕京大学后，发表了题为《"中国沿革地理"课程商榷》的文章，主张把"中国沿革地理"课程改为"中国历史地理"，重新界定历史地理学研究范畴，不再以历代疆域沿革和政区演变为主，而是以不同时代自然和人文地理变迁为主，如气候演化、河流变迁、海岸盈缩、自然物种繁盛与消长以及地方生产力布局演替、人口分布、交通迁变、城市兴替等，开启了我国现代意义上的历史地理学科。简言之，历史地理学不是"历史＋地理"，而是历史时期的地理，恰如北京大学韩茂莉教授言："历史地理是昨天的、前天的地理，历史地理融时间与空间于一体，通过回归人类经行的历程探寻旧日的足迹及其影响。"而城市历史地理，则是在历史地理学研究范畴的基础上，进一步把研究的标的聚焦于城市及其腹地、相关城镇体系等。本书即是关于潍坊中心城市历史地理研究的拙见。

潍坊处在山东半岛中部，濒临渤海莱州湾，扼守胶东半岛之咽喉，是胶东半岛一体化发展的五个中心城市之一，属沿海开放城市。自西汉平寿县建置，迄今已有2200多年的城建史。历史长河中，潍坊作为一个地域性中心城市不仅经历过多次城址变迁、政区盈缩、经济兴衰，而且城市等级规模、空间格局和性质职能也发生了漫长而复杂的演化。除具有一般城市发展的普遍规律外，潍坊还表现出其自身所独有的特征，如区域经济发展与城市规模扩张的关系、陆路交通对城市空间布局的影响。这些特殊性不仅与不同历史时期地缘政治演替有关，更与潍坊的地理位置和自然环境密切相关。清代著名学者顾祖禹说："天下之形势视乎山川；山川之包络关乎都邑。不考古今，无以见因革之变；不综源委，无以识形势之全"。法国年鉴派代表人物布罗代尔也说："当我们要通过空间和时间展示一种演变缓慢而又揭示永恒价值的历史时，地理就不再是目的本身，而成了一种手段。地理能够帮助人们重新找到最缓慢的结构性的真实事物，并且帮助人们能够根据长时间段的流逝路线展望未来。"本书正是试图通过历史地理视角寻找和发现潍坊发展演化规律及其背后的原因，以期更加深刻地理解潍坊的今天，更好地把握明天。特别是当前城市发展内涵与空间布局规律都在发生深刻改变的转折关头，作为规划人，只有深刻认识城市发展演化规律和自身特征，才能更好地描绘潍坊的未来。就此而言，潍坊城市历史地理研究，不仅具有重要的学术价值，而且有着重大的现实意义。

自清朝末期开始，就有不少学者关注潍县城的沿革和发展，如晚清潍县大儒郭麐[①]、张昭潜[②]、民国著名学者丁锡田[③]等都探讨过潍县历史地理，并留下多篇有分量的文章。20世纪90年代，美国著名人类学家施坚雅[④]《中华帝国晚期的城市》一书出版后，潍坊的城市历史，尤其是晚清民国时期潍县城的崛起，引起了国内外众多学

---

① 郭麐（1823-1893 年）：字子嘉，潍县潍城人，晚清时潍县著名学者，著有《潍县故城考》《两汉北海郡国县摘案》，并有 50 余首《潍县竹枝词》流世。

② 张昭潜（1829-1907 年）：潍县东关人，晚清潍县著名学者，著有《山东地理沿革表》《潍县地理沿革表》《潍志纠谬》《北海耆旧传》《无为斋诗文集》等著作。

③ 丁锡田：字倬干，号稼民，民国时期潍县著名学者，中国禹贡学会会员，著有《潍县地理考略》《后汉郡国令长考补》《小书巢》等著作。

④ 施坚雅（1925—2008 年）：美国著名人类学家，著有多部有关中国社会和城市的著作，其中《中华帝国晚期的城市》一书在国内外学术界影响广泛，他在此书中提出了著名的"施坚雅模式"，并把晚清民国时期的潍县列为当时中国 20 个区域性大都会之一。

者的关注，如香港中文大学叶汉明教授的《十九世纪末潍县的社会经济变迁》、山西大学李嘎教授《潍县城：晚清民国时期一个区域性大都会的城市地域结构（1904—1937年）》等力作相继问世。之后潍坊本地学者如王明德先生《近代潍县的崛起与区域商贸中心的形成》[①]、王瑞甫先生《潍坊，1400年的城池》[②]等一批有价值的文章也相继发表。近年来潍坊本地文史爱好者也掀起了一股潍县城市历史研究热潮，时间主要集中在明清至民国时期的潍县城，内容大多局限在老街老巷、历史掌故、名门望族和风土民俗等社会人文方面，而从历史地理学的角度研究潍坊城市兴起和发展者则寥若晨星，特别是对明代以前潍坊城市发展演变及其动因的研究几乎是空白。有鉴于此，笔者认为有必要从历史地理学和区域经济学角度，较为系统地梳理和探讨潍坊市城址变迁、发展及其内部格局演化，以资为今后城市发展的借鉴。

按照现代城市地理学，城市是兼有行政、经济和自然性质的综合体。城市作为地球表面的地理现象主要有两方面的特征：一是区域层面上的位置和分布特征（区域城镇体系），二是城市本身内部地域差异（城市空间结构）特征。因此，潍坊城市历史地理研究，既要把历史上的城市放在一定的区域内，作为"点"来研究其城址的选择和转移及其区域（包括周边城市）关系，也要把城市当作一个"面"来揭示其规模、内部结构、外部形态乃至城市职能等方面的演化规律。

本书结合近些年来最新考古资料和大量历史文献，从汉代平寿县城址考证入手，首先揭示出位于今潍坊市区南约15公里、白浪河西岸的昌乐古城遗址，并非是通常所谓的"营陵故城"或"营丘古城"，而是西汉至北魏时期的平寿县城，也是魏晋南北朝时期的北海郡城（详见《引论》和附录一《误将"平寿"作"营陵"之探析》），从而纠正了几百年来所谓汉平寿城在"符烟山西平寿村"和《潍县志稿》中"潍州西二里"的说法。这一观点得到当今考古界多位知名专家的支持，应该说这是潍坊城市历史研究的突破。在此基础上，笔者试图继续向上追溯，寻找《竹书纪

---

① 王明德：《近代潍县的崛起与区域商贸中心的形成》，《潍坊学院学报》2016年第5期。

② 王瑞甫：《潍坊，1400年的城池》，《人文潍坊》2012年第一辑。

年》记载的夏代平寿古国，以期更深入地探讨潍坊城市初始源头。这部分内容（第四章）仅作为推论，尚待考古实证。因此，本研究的重点是，自西汉平寿县建置至潍县解放2100多年间潍坊市城址转移、发展演化的历史脉络及其动因，揭示潍坊作为历史城市，从起源到北齐天保七年（556年）以白浪河上游昌乐营丘、古城两村为中心的发展阶段，以及北齐以后转移到白浪河下游以近代潍县城为中心的发展阶段的整个历程，并根据不同历史时期城市主要特征，对两汉时期平寿县城、魏晋南北朝时期北海郡城、隋唐时期北海县城、宋金元时期潍州城、明清以及民国时期潍县城的规划选址、城市规模、空间结构和城市职能等方面进行论述，尤其是对不同历史阶段潍坊城市发展的背景和动因进行比较研究。由于笔者水平和能力所限，本书只是一个初步成果，还有很多问题需要做更深入地考证，尤其需更多的考古实证资料加以补正。在此真诚地欢迎各位专家、学者不吝赐教，笔者将不胜感激。

潍坊中心城市历史地理研究是一项系统工程，能够得以顺利完成，首先得益于笔者所在单位——潍坊市自然资源和规划局的鼎力支持。单位领导多次询问研究进程，每到关键节点亲自协调推动、把关定向，孙守勤同志就研究方向、框架结构、具体历史事件等给予悉心指导。该研究还得益于专家学者的指导帮助。北京大学城市与环境学院教授、北京大学历史地理研究中心主任、中国地理学会历史地理专业委员会副主任邓辉先生亲自为本书作序，并就研究方法和具体内容予以悉心教授。北京大学城市与环境学院教授、博士生导师冯长春，北京大学城市与环境学院副院长、教授、博士生导师曹广忠，山东省文物局原副局长、省文物考古研究院研究员王永波，潍坊市博物馆研究室主任、研究馆员孙敬明，原昌乐县文管所所长李学训等专家学者，多予赐教，笔者受教良多、受益匪浅。中国书法家协会会员、山东省书协楷书委员会副秘书长张其亮先生亲题书名。在此，对各位领导和专家学者（包括但不限于前述）的亲切关怀、鼎力支持、悉心指导表示由衷地敬佩和诚挚地感谢！

目录

一座被误解的千年古城[①]

　　"追根溯源"，是深深刻在中国人骨子里的文化印记，也是中华五千年文明生生不息的"根"动力。

　　白浪河上游西岸，距离潍坊市区约15公里的昌乐古城村附近有一座古城遗址，至今残存着几段断续的城墙。《昌乐县志》称该城址为营丘古城或营陵故城，并作为周武王封吕尚都营斤的齐国首封地，此前多次考古调查也随称营陵故城。实际上，关于齐国始封地营丘地理位置，自汉以来即争议颇多，有主张昌乐营陵说者，有主张齐都临淄说者。20世纪60年代后，随着现代考古学的兴起，这些争论不仅没有停息，反而愈加激烈、复杂。如20世纪80年代初，昌乐县文管所李学训先生，在距昌乐古城遗址西南约6公里的河西村附近发现了一座大型商周文化遗址——河西遗址。著名考古学家、《海岱考古》常务副主编王树明先生多次实地考察后，认为河西遗址是齐国初封地营丘[②]，对传统的"古城遗址即营丘"的观点提出了质疑，而对于营陵故城的位置，在谭其骧先生主编的《中国历史地图集》（中国地图出版社，1982年

---

① 本文主要内容曾以《昌乐营陵故城遗址性质辨析》为题目，发表于《东方考古》2023年第22期。
② 王树明：《山东高青陈庄西周城址周人设防薄姑说——也谈齐都营丘的地望与姜姓封国》，载《管子学刊》2010年第4期，第111-116页。

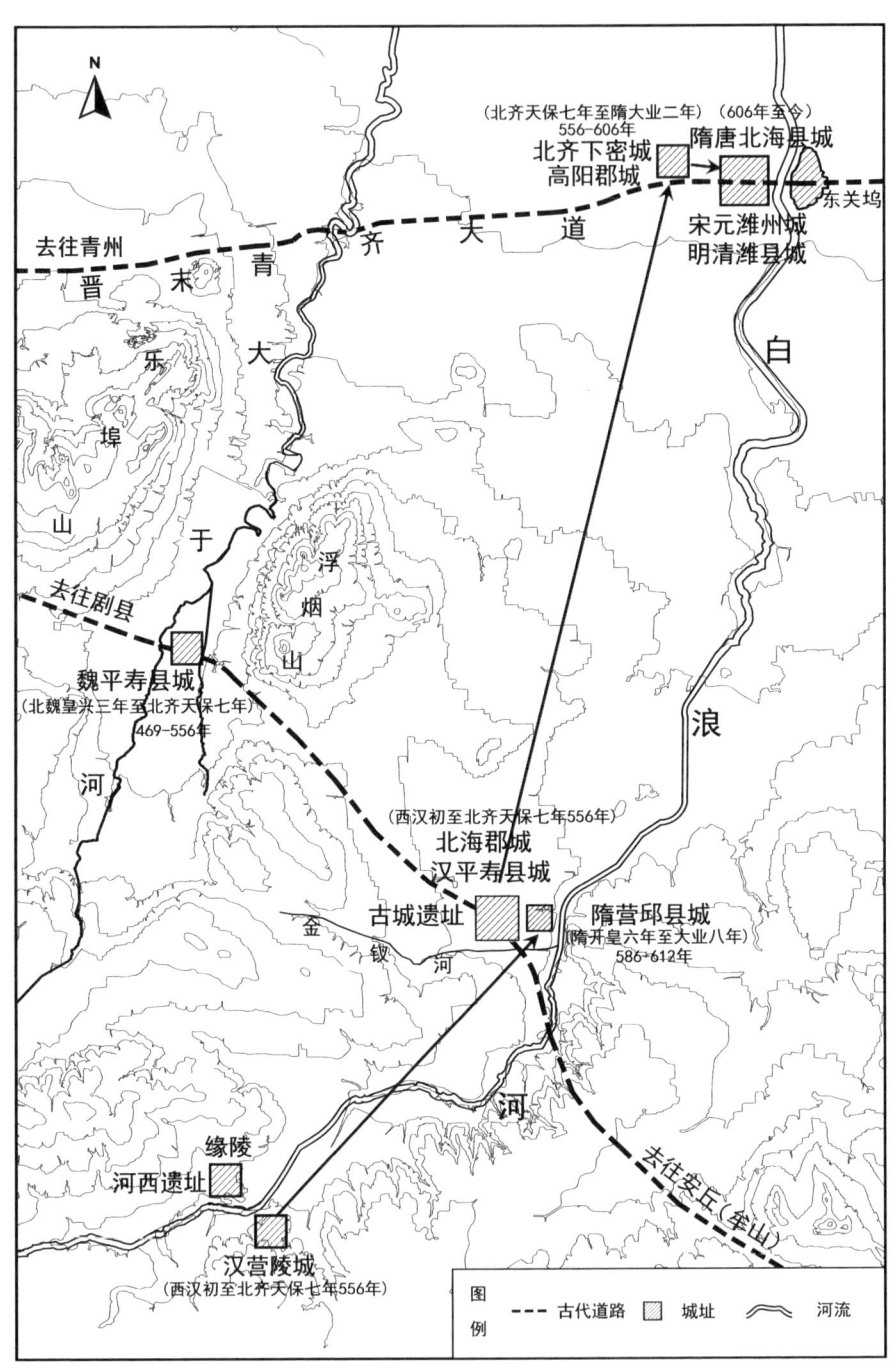

※ 图一 营陵城遗址、平寿城遗址及潍县城相对位置示意图

版）中自西汉至北魏一直标注在白浪河南岸，今昌乐马宋村位置，而非古城遗址。那么，这座规模宏大、备受关注的古城遗址又是谁呢？

首先，据《水经注》记载分析。"巨洋水（弥河）"条注："平寿故城在白狼水西，今北海郡治。水上承营陵县之下流，东北迳城东，北入别画湖"，又载："营陵城南无水，唯城北有一水，世谓之白狼水"[①]。显然，郦道元所见营陵县城在白浪河南岸（与谭其骧《中国历史地图集》标注位置一致），与白浪河西岸的昌乐古城遗址毫无关系。其一，平寿故城在白浪河西侧（"白狼水西"），相对位置在营陵县城下游（"水上承营陵县之下流"），并且依"东北迳城东"分析，距白浪河不远。经实地考察古城遗址东侧，白浪河该段流向以及营陵县城与古城遗址的相对位置与《水经注》记载一致。其二，郦道元称谓"营陵县城""平寿故城"，说明北魏时营陵城仍为县治所在，而平寿城已不再是平寿县治地，但仍为北海郡治。据《魏书·地形志》，"平寿县"条下记"有浮山、金关山（即今黑山）"[②]，说明北魏时平寿县在浮烟山附近。宋代《寰宇记》记载："废平寿县，在（潍）州西南三十里。后魏皇兴三年置，以旧号为县名，北齐天保七年废"[③]，说明北魏皇兴三年（469年）平寿县治已经迁移到符烟山西侧平寿村附近。郦道元年轻时随父郦范居青州，熟悉青州周边地理环境。郦道元考察潍水、巨洋水（弥河）约在公元500年前后，正是平寿县治从北海郡城（古城遗址）迁到浮烟山以西平寿村新址不到30年时间。

其次，据考古勘探分析。2010年山东省考古研究所魏成敏研究员带队勘探古城遗址，发现"古城遗址分内、外两城，大城近似方形，南北长约1500米，东西宽约1480米，墙基宽约20米，残存城墙最高处约5.5米。城墙直接建于生土之上，墙基距地表深0.7米，仅有东城墙南段约50米建于文化堆积之上……内城与大城具有相同的中轴线，且内、外城墙的宽度、结构相同，说明内城与大城应为同时规划所建"，"城

① 郦道元著、陈桥驿校证：《水经注校证》，中华书局，2013年，第594、597页。
② 魏收：《魏书》，中华书局，1974年，第2523页。
③ 乐史：《太平寰宇记》卷三十八，中华书局，2007年，第363页。

内发现的遗物主要为汉代的瓦片，也有个别隋唐时期的瓷片，但未发现早于西汉时期的遗物"[1]。从遗物遗迹年代判断，昌乐古城遗址建于汉代，不可能是西周时期的营丘，也不可能是春秋时期的缘陵城。同时，"在大城东墙南端约 50 米的城墙下部发现有地层堆积而非生土，该段城墙结构比较松散。在对该段城墙进行重点勘探证明，墙体下的地层堆积含有一定泥沙和碎瓦片，并存在有水侵蚀过的痕迹。推测城墙东南角可能被河道冲毁，现存东墙南段应是后来重建修补的一段。墙体下的地层堆积出现汉代瓦片的现象也表明，该段重建的城墙要晚于营陵城（笔者认为：实际为平寿县城）始建年代，城墙下部堆积年代不会早于西汉早期"[2]。由此可见，古城遗址未见西周和春秋时期的遗存，始建年代最早应为西汉早期。2017 年昌乐县博物馆肖守强先生调查古城遗址时，发现大城东南部集中分布大量汉代遗存，东西约 900 米，南北约 700 米，文化层厚度达 2—3 米[3]（见图 5-3）。这些集中分布的大量汉代遗存和大城东墙南段墙体下汉代地层堆积表明，大城东南部存在一处汉代城址，极可能是西汉平寿县城，即郦道元所谓"平寿故城"。而大城以及北部内城是在原汉平寿城邑旧址，利用老城东墙和南墙向西、北扩建而成。

再次，据建筑形制分析。从建筑形制上看，古城遗址具有明显的内、外城之分（见图 6-1）。汉代城池除边地军事要塞以外通常只有一道城墙。而古城遗址这种内外城"重城结构"肇始于东汉末期，其中以曹魏邺城为典范，到魏晋南北朝时达到鼎盛，地方治所城市大量采用，特别是在黄河中下游地区和江淮一带等多战之地最为广泛。李孝聪先生说："魏晋南北朝地方城市有许多是依靠原有的汉、晋城址，但出现了子城与外罗城重城隔墙的形态，宫殿、衙署置于小的子城（或称内城）之中，外罗城高大空荡，这是由于魏晋南北朝长期战乱，城市防御亟待加强，因此原来汉

---

① 魏成敏：《营丘考疑：昌乐营陵城新探》，载中国考古学会《第十五次年会论文集》，文物出版社，2012 年，第 342—343 页。

② 魏成敏：《营丘考疑：昌乐营陵城新探》，载中国考古学会《第十五次年会论文集》，文物出版社，2012 年，第 342—343 页。

③ 肖守强：《昌乐营陵古城遗址》，《华夏文明》2018 年第 2 期。

代实行于边地的子城、罗城结构被内地大量采用的结果。长期的战乱使得这一时期的城墙得到普遍兴建或重建，并且在营建过程中更多地考虑据险以守的军事防御功能，城墙高大敦厚，形成了这一时期'筑城运动'的特点"[1]。这段论述似乎是对古城遗址高大宽厚城墙和"重城"结构的写照，再结合北海郡治在东汉末年或曹魏早期由剧县（今山东寿光市南部的纪台镇）迁到汉平寿县城的史实，我们认为，大城应建于东汉末年或曹魏早期；大城东南部存在一处老城，它并不是营陵城，而是西汉平寿县城。

由此可见，营陵、缘陵与营丘并非同一城址，但它们前后相承、渊源相续，应被看作同一城市，只是随着时间推移，城址位置几度变易。春秋时"诸侯城缘陵"在今昌乐河西遗址[2]。按于树明先生观点，西周早期，齐国首封地营丘也在今昌乐河西遗址，汉高祖封刘泽为营陵侯[3]（前196年）或西汉营陵县建置时，城址或已从白浪河北岸迁移到南岸马宋村附近；隋开皇六年（586年）复置营丘县时，又迁到了今营丘村附近（古城遗址东侧，遗址尚存，见图1）。可见自春秋至隋唐，营陵（缘陵、营丘）沿白浪河上下6公里距离内三易其址，也三易其名。《水经注》"平寿故城在白浪水西，今北海郡治"，其指正是今昌乐古城遗址。所谓"平寿故城"即汉代平寿县城；东汉末年或曹魏初期平寿县升格为北海国（郡）治后，在汉平寿城基础上又向西、北扩建，并形成"重城结构"，即今古城遗址（北海郡城，见图6-1），与历史上的营丘（缘陵）和营陵并无关系。北魏皇兴三年（469年），平寿县治从白浪河西岸（北海郡城）迁移到符烟山西侧今平寿村位置，即北魏平寿县城。北齐天保七年（556年）政区改革时上述城址同时废止，潍坊地区政治中心从白浪河上游古城村一带转移到了下游潍县城附近。括言之，昌乐古城遗址不是营陵故城，而是几百年来人们苦苦找寻的汉平寿故城、魏晋南北朝时期一代名郡——北海郡城，也是潍坊这

---

① 李孝聪：《历史城市地理》，山东教育出版社，2007年，第135页。
② 谭其骧：《中国历史地图集》（原始社会—春秋战国），中国地图出版社，1982年，第26-27页。
③ 谭其骧：《中国历史地图集》（秦·西汉·东汉时期），中国地图出版社，1982年，第19-20页。

座现代化城市的源头！

　　历史经常跟我们开些或大或小的玩笑，"误把平寿作营丘"的玩笑却让人们在历史长河中迷茫了数百年。今天，潍坊这座历史名城终于找到了自己的源头，它就在距离不远的白浪河上游。好在今天潍坊的起源地——汉平寿故城（魏晋南北朝时北海郡城）遗迹依然存在，尽管它被风雨剥蚀得仅剩几段残垣断壁。但无论怎样，它是潍坊这座城市历史过往的亲历者，也是演化轨迹的记录者。让我们掠过历史的天际线，循着这些斑驳遗迹去追寻潍坊曾经经历的种种曲折和辉煌，直到今天看到的一切乃至更加美好的明天！谨以此书献给这座两千多年的历史文化名城！

第一部分

地理环境

城市是人类文明发展的产物，也是改造和利用自然的结果。自然地理环境是城市孕育的母腹，是城市发展的背景，是城市文化的底色，多样的地理环境孕育出千姿百态的城市历史文化。

PART 01

第一章 地形地貌

青齐故地

　　山东半岛犹如巨龙之首伸向浩瀚黄海。以泰沂山脉为主体的鲁中山区把山东半岛从辽阔的华北平原断然割裂开来，使山东半岛形成了一个相对独立、三面环海的区域。山东半岛东部是连绵的鲁东丘陵，中部是面积约1.7万平方公里的胶莱平原，西部则是高耸的泰沂山脉。历史上黄河以东、泰沂山脉北部及其以东的大片土地曾是古青州和齐国所在地。《禹贡》所谓"海岱唯青州"正是这一区域。春秋、战国时这一地区大部为齐国疆域，所以历史上常以"青齐"相称。青齐自古险要，战国时苏秦这样描述，"齐南有泰山，东有琅琊，西有清河，北有渤海，所谓四塞之国也"[①]。南燕占据山东前，潘聪建言慕容德："青齐沃壤，号曰东秦。土地两千里，四塞之固，负海之饶，可为用武之国。广固城曹嶷所筑，山川险峻，足为帝王都。如得其地，闭关养锐，伺机而动，此今日之关中、河内也"[②]。古人将青齐比作关中、河内一样的险要之地，除了山东半岛三面环海外，更重要的是雄踞鲁中地区的泰沂山脉与华北平原之间形成的天然屏障。青齐地区不仅可以凭借内部千里沃壤和鱼盐之利，得以闭关养锐，发展生产，而且使这一地区城镇发展演化和文化塑造具有了鲜明的地域特点。

---

① 司马迁：《史记》卷六十九，岳麓书社，2012年，第1013页。
② 顾祖禹：《读史方舆纪要》卷三，中华书局，2019年，第123页。

襟连海岱

地处青齐地区地理核心区的潍坊正位于泰沂山脉北麓与胶莱平原交接部位。这里不仅控扼着泰沂山脉以北狭长的"海岱走廊"东端门户，更兼有胶莱平原千里沃壤和北部沿海鱼盐之利。市域地形整体上呈现南高北低特点，自南而北大致分三个地貌区：一是南部低山丘陵区。潍坊东南部属于崂山山脉余脉，呈北东-南西向延伸；西南部为泰沂山脉向东延伸的低山丘陵区，平均海拔500米，最高点为临朐县沂山玉皇顶，海拔1032米。低山丘陵正宜桑麻，齐国以蚕桑女红闻名，"齐国冠带衣

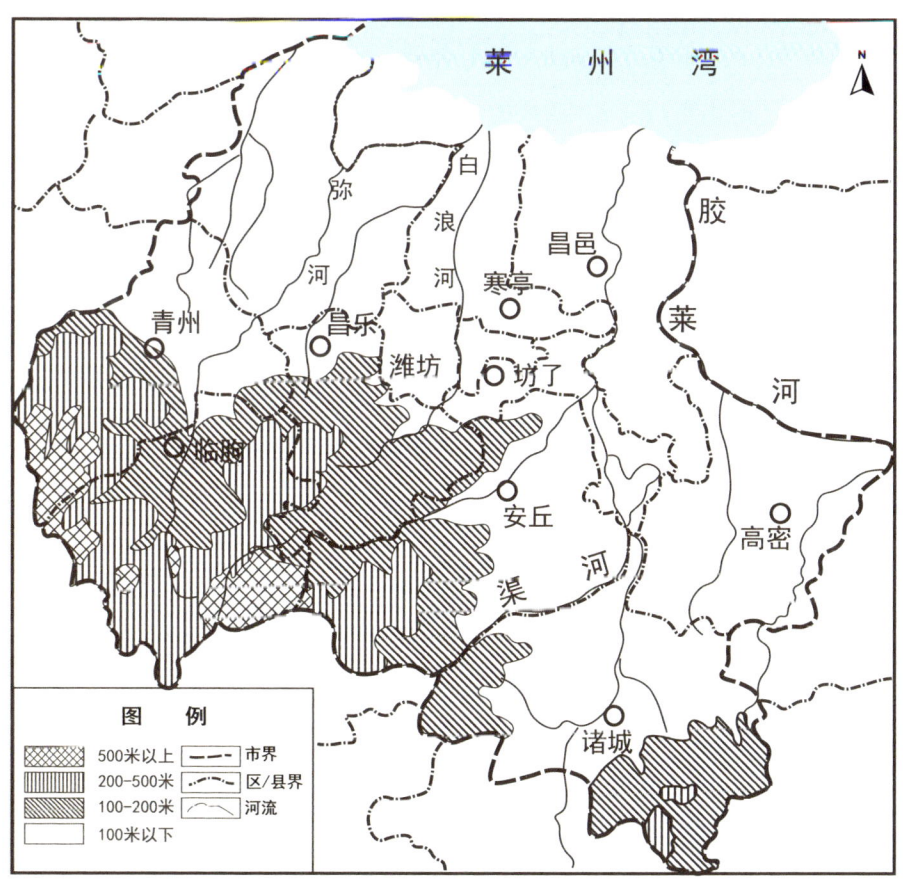

× 图1-1 潍坊市地形地貌及主要河流分布图

履天下"。茧绸由柞蚕丝织而成，可追溯到夏朝檿丝。《尚书·禹贡》记载，"莱夷作牧，厥篚檿丝"，说明青齐地区早在夏朝就有檿丝生产。据传，曹雪芹祖母之兄康熙年间任江南织造，把当地织绸技术引回故乡，提升了昌邑丝绸业水平。1902年，王元綖《野蚕录》写道："今之茧绸，以莱为盛。莱之昌邑柳疃集，为丝业荟萃之区，机户如林，商贾骈阗，茧绸之名，溢于四远。"[①]阮湘著《中国年鉴》称："中国之茧绸业，以山东为第一"，"山东产地以昌邑为第一"。[②]二是中部冲洪积平原区。主要由潍河、虞河、白浪河、大圩河、弥河等河流冲积洪积而成，地势平坦，土质肥沃，约占全市总面积60%以上，孕育了潍坊早期的农耕文明，更是诞生了"农圣"贾思勰。直到今天，潍坊农业仍然以"潍坊模式""诸城模式""寿光模式"闻名全国。三是北部滨海滩涂区。胶莱平原向北一直延伸到莱州湾沿岸，形成了北部沿海大片滩涂，历史上一直是山东乃至全国重要的鱼盐产地。海盐最早见于《世本·作篇》"宿沙作煮盐"。宿沙氏生活在今弥河滨海地带，并被奉为"盐宗"。寿光双王城发现了大量龙山、商代、西周、东周、宋元等时期制盐遗址。部分遗址有着明显的前后承续关系。中国盐业考古专家、北京大学教授李水诚指出，发现如此密集的古代制盐作坊遗址，时间之早、规模之大在我国盐业考古史上尚属首次。管仲更是以鱼盐之利辅佐齐桓公成为春秋五霸之首。时至今日，潍坊天然卤水储量仍居全国首位。总之，潍坊地理环境占尽山、海、平原之势，兼有桑麻、粮农、鱼盐之利。《尚书·禹贡》言及"海岱唯青州。嵎夷既略，潍淄其道，厥土白坟，海滨广潟"[③]，正是对潍坊地理环境准确而形象的概括。

————————
① 王元綖：《野蚕录》，农业出版社，1962年，第41页。
② 阮湘：《中国年鉴》，商务印书馆，1924年，第312页。
③ 钱宗武：《尚书译注》，中华书局，2022年12月，第117页。

白浪河流域

胶莱平原与海岱走廊交汇处有一片备受大自然眷顾的特殊区域。这里不属于潍河流域，也不属于弥河流域，而是由泰沂山脉向东北延伸的尾闾，一条宽阔、高亢、连续的半弧形丘陵围合而成的区域。这条丘陵带自西向东依次分布着大纪山、打鼓山、寺山、马驹岭、崇山、盘龙山、灵山、常令公山和柳毅山等，山岭海拔350-100米不等。这片半弧形丘陵围合区域内，孕育了虞河、白浪河、大圩河等中小

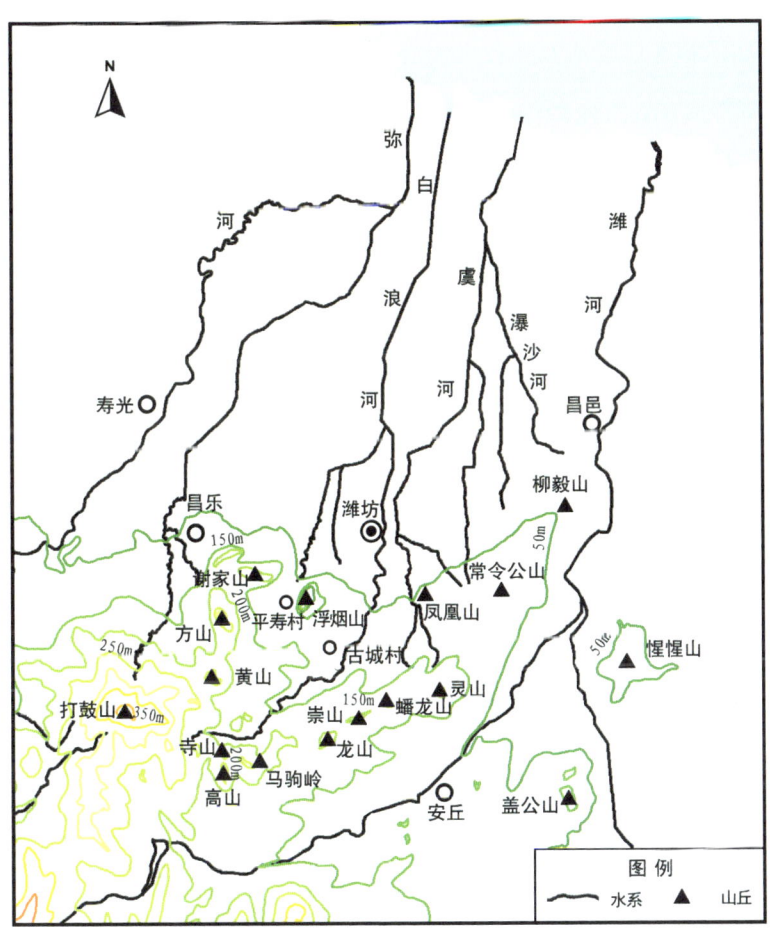

✕ 图1-2 白浪河流域山丘、水系分布图

河流及其众多支流，其中居于统领地位的是白浪河。白浪河发源于鲁中山区东北部昌乐县打鼓山南坡，自鄌郚北向东北流，在营丘镇大河口村转而北流，穿过潍坊市区流入渤海，全长127公里，总流域面积1237平方公里。历史上虞河、白浪河和大圩河都汇聚于潍坊市区北部古老湖泊——别画湖（今寒亭固堤、南孙以北），然后再流入渤海，所以我们也将这片半弧型丘陵围合地带通称为"泛白浪河流域"。潍县城正处白浪河西岸、半弧型丘陵围合区域的地理中心。

白浪河纵贯昌乐东部和潍城、奎文、寒亭三区，是潍坊市的母亲河。由于白浪河中上游处于鲁中山区与平原交汇地带，丘陵纵横，支流密布，从西南诸山冲下的大量腐殖质淤积在白浪河及其各支流沿岸，遂使这片区域地势相对平缓，土壤肥沃，加之水源充足，气候温润，森林茂盛，为原始先民提供了就近耕作、狩猎、避洪的理想场所。早在新石器时代，就有原始先民在此定居，留下了规模较大的遗址聚落群。从姚官庄遗址、夏平寿古国、战国平寿邑，到西汉平寿县城、魏晋南北朝北海郡城、以至隋唐北海县城、宋元潍州城、明清潍县城均毗邻白浪河西岸。尽管随着时间推移，人类抵御洪水能力提高，潍坊地区政治中心逐渐由上游转移到下游，但从未离开白浪河沿岸。白浪河就像潍坊的母亲，始终孕育、呵护着这座城市的成长，一直发展成今天这座现代化的区域中心城市。

PART 02
第二章 河流湖泊

气候演化

竺可桢先生根据考古资料和历史文献研究，认为中国华北地区史前至秦汉时期，气候呈现持续温暖湿润特征，平均气温较现在高 3℃—4℃，雨水远比现在充沛[①]。当代学者根据考古资料和孢粉生化分析，推测山东地区距今 8500—7500 年前，是气候温暖、水网密布、湖沼交错的亚热带景观。距今 7500—6300 年前，气候温暖湿润，大致与今长江流域气候环境相当。距今 6000—5500 年前，气温仍高出现在 4~5 摄氏度，气象学界称之为气候最宜期。距今 5000—4500 年前，气候温和略干，总的趋势开始向干凉方向发展[②]。有关专家结合寒亭前埠下后李文化与大汶口文化遗迹、遗物推测，"在后李文化后期到大汶口文化中期，前埠下一带为大河入海处的森林草甸环境；南边较远的山坡上覆盖着森林，水量充足的潍河流经前埠下向北归入大海；大河两岸的草地上分布着大大小小的沟湾港汊，牛轭湖和积水洼地散落其间，河岸湖滨的埠丘上灌木丛生。老虎、野猫、水牛、梅花鹿等出没于丛林或游荡于灌木丛中；獐、麂、野猪、狗獾等穿梭于林间草地与河滨芦苇丛中；狐、貉等常在河滨捕食鱼虾；水中游鱼嬉戏、龟鳖出没。当时的气候温和，且降水充沛，年平均气

[①] 竺可桢：《五千年来中国气候温度的变迁》，《考古学报》1972 年第 1 期。
[②] 毛晓平、刘翠芝、卢友发：《山东古代气候与海岸变迁》，《河南气象》2006 年第 2 期。

温可能要比现在高4℃–5℃，大致与现在福建一带的气候相似。先民们就是在这滨河临海的丘埠上过着渔猎和农耕生活"[1]。直到春秋战国时，气候虽开始变干变冷，但气温仍比现在高出约1.5℃。《周礼·职方氏》记载："青州，其谷宜稻麦"，《史记·货殖列传》记载："齐鲁千里桑麻"。蚕的生育宜高温湿润多雨之区，桑亦须气候较暖之地。

河流水系

潍坊"南山北海、中部平原"的地形特征，使得潍坊境内形成数十条大大小小的河流。这些河流大都发源于南部山区，由南而北汇入渤海，主要有潍河、白浪河、桂河、丹河、大圩河和弥河等。这些河流水文状况反映了该地区降雨特点，南部山区年降雨量达750毫米，向北逐渐递减，到北部滨海区域减为600毫米左右。潍坊年降雨量多集中在夏季，约占全年降雨量的一半，因此各河流量季节性变化大，雨季流量猛增，枯水季节又常现断流。这些河流虽然少有航行之利（除小清河、潍河等外），却为先民们提供了优越的生存场所，无论远古时期的东夷人聚落，还是今天的村落、城镇大都集中分布在这些河流两岸，特别是潍河、弥河和白浪河沿岸，自古以来就是人口和聚落密集区域。白浪河以其优良的地理环境，受到原始先民们的青睐，成为史前人类聚落的密集区，进而孕育出潍坊这座现代化城市。

沧海桑田

古代潍坊地区与现在相比，除了大量原始森林和湿地的存在以及部分河流改道之外，最大的不同莫过于海岸线变迁和北部沿海地带一些大型淡水湖泊的消存。黄骅海浸在距今6000—5000年将海岸线向陆地推进至最大范围，其中变化最显著的是

---

[1] 山东考古研究所：《前埠下新石器时代遗址中的动物遗骸》，科学出版社，2000年，第105页。

鲁北—胶莱平原与淮北平原。考古工作者根据胶东半岛新石器遗址分布范围、贝丘遗址堆积情况，推测出当时的海岸线：莱州湾沿岸深入陆地35公里左右，大致沿今惠民—广饶—昌邑北—平度新河—掖县沙河—虎头崖一线。距今4500年左右，海岸线开始后退；距今3000年以来，海平面在现代海平面上下小幅度浮动[1]。形成于黄骅海侵时期的湖泊，由地处滨海洼地内的古老河口和海湾演化而来，其分布范围大致自今寿光牛头镇、东经侯镇、南孙、寒亭固堤、昌邑夏店至平度新河镇一线以北地区[2]。大湖面积动辄几十乃至几百平方公里，后来由于气候变干、水量减少、河流改道等原因，湖面逐渐缩小，直到20世纪中晚期才逐渐消失。其中比较著名的有巨淀湖、黑冢湖、清水泊、别画湖、夷安泽等。

巨淀湖，在今寿光市西北台头、牛头镇附近，为济水、淄河、弥河等多条河流的吐纳湖，《史记·河渠记》称其为"钜定"。该湖汉代时曾"东西70余里，南北30余里"。《汉书》记载，"征和四年春正月，行幸东莱，临大海。三月，上耕于钜淀。还幸泰山，修封"[3]。征和四年（前89年），汉武帝曾东幸泰山，到泰山封禅之前，先到巨淀湖岸边举行了盛大的春耕仪式，可见巨淀湖区周边是重要的农业耕作区。从《水经注》可知，北魏时由于淄水长期注入，湖中淤成天然堤，将巨淀湖一分为二，东北称清水泊，西南仍称巨淀湖，且湖面逐渐缩小。清代时，清水泊"自西南而东北长五十里，南北二三十里"，至1923年巨淀湖与清水泊逐渐干涸，现仍存很小湖面，即现寿光巨淀湖风景区内湾塘。

别画湖，又名朕怀湖，在今潍坊市区以北寒亭区固堤、南孙以北。《广异记》云："望海台侧有别画湖，望海台即今禹王台"[4]。据韩美、张维英等考证，别画湖在汉代全盛时期的面积最大，"东至昌邑市的东永安村，西至肖家营乡禹王台村，北至

---

① 毛晓平、刘翠芝、卢友发：《山东古代气候与海岸变迁》，《河南气象》2006年第2期。

② 韩美、张维英：《莱州湾南岸平原古湖泊的形成与演变》，《地理科学》2002年第2期。

③ 班固：《汉书》卷六《武帝纪》。

④ 常之英：《潍县志稿》卷七"道路、遗迹"，民国三十年（1941年）刻本，第281页。

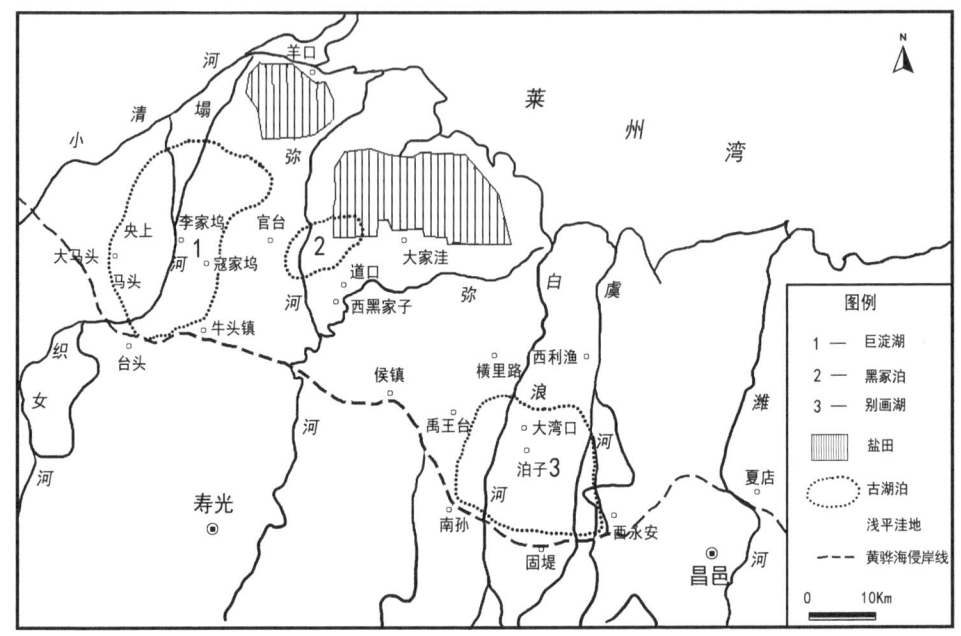

※ 图 2-1 潍坊市北部滨海地区古湖泊分布图

横里路、西利鱼一线以南，南至固堤村北，东西、南北各约三十六里"[①]，后因气候转寒变干，湖面逐渐缩小，呈现解体趋势。北魏时已减少到"东西二十里，南北三十里"，并有黄芪洼、莲花泊两个洼地分离出来。清乾隆时"湖仅周二十里"。民国时期，别画湖解体出的几处洼地，如黄芪洼、莲花泊、永安湖、高家洼等已基本消失。现在的禹王湿地是别画湖仅存的"遗迹"。

夷安泽在今高密市东北，汉代时面积达上百平方公里，元代以后由于胶河的冲积，夷安泽分为小鹿湾和都泺两部分。清末小鹿湾和都泺逐渐缩小，新中国成立后成为管路水库的一部分。

潍坊市域北部海岸线变迁和淡水湖泊存在与演化，不仅改变着这一地区自然地理面貌，而且对早期经济发展和人类聚落形成产生了巨大影响。这些湖泊都是面积

---

① 郭永盛：《历史上山东湖泊的变迁》，《海洋湖沼通报》1990 年第 3 期。

很大的淡水湖，具有很强的蓄纳洪水、调节旱涝功能，这在当时农耕技术落后的背景下为周边地区农业发展创造了条件。潍坊成为中国古代农耕文明发源地之一，并一直延续至今，与这些大湖的存在不无关系。由于古人"择水草而居"的传统和对于土地资源的依赖，这些湖区周围自然是先民们的最佳聚居地。从这些湖泊的位置来推测，上古时期的古寒国、斟灌氏、薄姑氏、古纪国的都邑以及春秋邶殿邑（今昌邑市西）、鄑邑（瓦城）、夷维等均位于这些大湖边缘，足见其对潍坊地区城镇聚落布局影响之大。正是这种优良的自然地理环境，为潍坊地区早期人类聚落的形成乃至现代城市文明的发展奠定了基础。

PART 03
第三章 海岱走廊与古代大道

海岱走廊

由于泰沂山脉雄峙于山东省中部，西达黄河，东抵海滨，拱卫南北，在山东半岛西部形成了巨大屏障，阻隔了南北之间的沟通，从而在泰沂山脉以北形成了一片呈东西条带状山前地带。由于这一地带"襟连山海、兼及齐鲁"的特殊地理环境，被称之为"海岱地区"。《诗·鲁颂·閟宫》中记载："泰山岩岩，鲁邦所詹。"海岱地区古来即为山东地区社会的重心，今天仍是山东省的主要经济走廊。海岱地区分布着沟通东西和连接南北的交通干线。这些通道历史悠久，将海岱地区紧密地联系起来，进而沟通省内外，有力地加强了这一地带与周围其他区域的交流，是这一地带成为山东经济走廊的关键因素。在几条通道中最重要的是济青一线，龙山文化时期沿线即分布着城子崖—丁公—桐林—边线王等城址。这些城址由西向东一线排开，正好处于今天鲁北山前经济走廊上。"统括鲁北地区龙山文化聚落分布态势，有理由相信这条经济走廊在龙山文化时期即已出现，将城子崖等城址串联起来的正是这条经济走廊上的通道。这条通道沿着鲁中山地北缘将整个山前地带串联起来，同时还要牵扯到其两侧广阔得多的地区，在相当程度上把整个鲁北中部整合在一起"[①]。正因为如此，这片东西绵延长达200余公里，宽度仅40—70公里的狭长地带，地理学

[①] 孙波：《山东龙山文化城址略论》，《中国社会科学院古代文明研究中心通讯》2010年第19期。

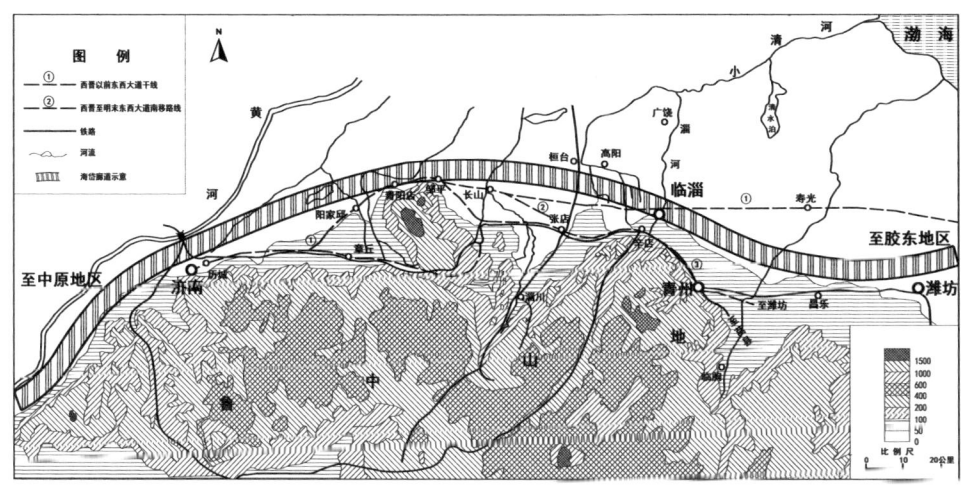

✕ 图 3-1 海岱廊道示意图

家们习惯称为"海岱走廊"。实际上，历史时期，这条走廊的宽度远比现在要窄。一方面由于黄河自清咸丰五年（1855年）改道济水以来，黄河携带的大量泥沙已将东营、滨州一带海岸线向外推移了20—30公里，另一方面该地区历史上曾经存在着一些很大的湖泊，如马常坑、巨淀湖、黑冢湖、别画湖等，这些大湖进一步挤占了山前平原地带的有限空间。中科院地理研究所工守春先生曾专门研究过巨淀湖对临淄和青州两座重要历史城市的影响。他认为，巨淀湖使得这条陆路走廊变得更为狭窄，而临淄、青州正好位于这一狭窄部位，扼守着山东半岛与中原地区联系的"咽喉"。临淄与青州之所以相继成为历史上重要的区域中心城市，正是籍以这一特殊的地理环境和战略位置[1]。相反，后来临淄和青州地位的衰落也与巨淀湖消失有着密切关系。

自夏商以来，中原地区长期是我国政治、经济和文化的中心，这条狭长的"海岱走廊"一直是山东半岛内部与国家中心地区沟通和联系的重要通道。潍坊的位置正是扼守这条"海岱走廊"东端的门户，其在交通和经济上的重要性不言而喻。无

---

① 王守春：《巨淀湖的变迁及其在古代鲁北地区历史进程中的作用》，《中国历史地理论丛》1999年第3期。

论从山东半岛南部的青岛、诸城，还是北部沿海的烟台、莱州等，甚至日本、朝鲜等国去往中原地区都必须经潍坊进入这条狭长走廊。近年来，山东学者甚至将这条"海岱走廊"称为"丝路廊道"[①]。他们认为，中国东部的丝绸之路穿越山东最主要的丝绸产地昌邑、临朐、青州等，这条线路也就成为丝绸之路的组成部分。汉唐时期山东大部分的丝绸都由此西运，向东与海外的交往也非常频繁。对往来长安、洛阳的日本、新罗等商旅、使团来说，潍坊是必经之地，因此潍坊地区的丝绸产品不仅输送西域，也销往日本、新罗等国。潍坊正是凭借这一特殊的门户位置和东部沿海各港频繁的海上贸易，成为历史上最早开发的地区之一，也是潍坊这座城市长久持续发展的基础。

古代大道

远古时期，潍坊及其周边一带居住着东夷人和诸夏部族，他们是这片土地最早的开拓者。原始社会人们生活艰苦，人际间的交往，部落间的生产交换，足迹所至，集久成路。目前山东发现的史前遗址在鲁北山前地带最为集中、呈东西带状分布的事实，说明远古时期海岱地区就是人类活动的重心。这些散居于鲁中山地和古湖泊之间的原始聚落，相互联系交往的途径就是鲁北地区东西大道的萌芽。据侯仁之先生考证，这条大道形成于原始社会末期，西接济南历城、平陵、邹平、临淄，东连寿光、昌邑，直达即墨（今平度市古岘镇朱毛村一带）[②]。由于这条东西大道横贯青齐腹地，我们称其为"青齐大道"。据《战国策》载："齐有即墨、琅琊之饶，渤海、泰山之险，联袂挥汗，与临淄并夸殷盛"，"临淄、即墨非王之有也"[③]。先秦时期即墨与临淄并称，足见这条连接临淄与即墨的大道地位之重。自周代以来，这条大

---

① 近年来，山东一些学者，特别是青岛理工大学的朱艳教授认为：海上丝绸之路与陆上丝绸之路在海岱地区相交汇，两者在山东连接的道路便是"海岱廊道"。

② 侯仁之：《淄博市主要城镇的起源与发展》，淄博市建设委员会单印本，1978年，第7页。

③ 刘向：《战国策·齐策一》。

道既是齐国向东经略、沟通后方的干线，也是中原地区连接山东半岛的大动脉。秦帝国时期，"青齐大道"接入以咸阳为中心的全国"九大驰道"之"东方道"，增强了其全国联通功能。这条古道一直延续至今，其大致走向与今天308国道基本一致，是济青经济走廊的发端。

先秦时期，齐国都城临淄是整个鲁北地区的中心城市，因此齐国的交通也以临淄为中心，通往周边国家以及国内重要城邑。除青齐大道之外，与潍坊地区有关的还有几条重要的道路交通线。

一是齐楚道，从临淄出发，经益都、临朐、沂水、莒县，南达楚地。这是从临淄南出穆陵关通往莒南的一条重要交通线。齐国伐莒，大都南出穆陵关，春秋中期是齐莒之间的交通要道，战国中期以后是齐楚之间的交接地带。

二是临莒道，从临淄出发，经寿光纪台、昌乐、乔官、营丘、石桥子、莒县、

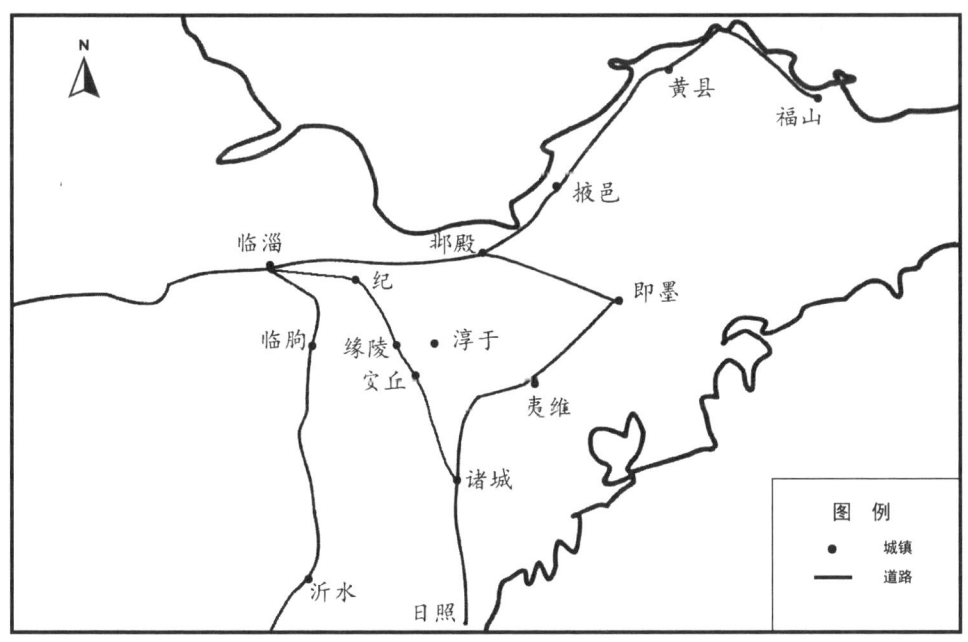

✕ 图3-2 先秦时期潍坊周边区域道路交通示意图

说明：此图根据《山东公路史》第一册"古代道路"绘制。

日照，通往吴越。这也是原始社会末期沿着山前平原地带发展起来的一条古老大道，沿途布有众多的古文化遗址和古城遗址，潍坊地区相对集中的六大遗址群，其中有4个分布在这条大道上，是齐国东南的重要交通线路之一。

三是临福道，实际上是青齐大道向东北方向的延伸，从临淄经寿光，在昌邑（邶殿，春秋时为齐国五都之一）转向东北，经掖县（今莱州）、招远、黄县（今龙口）折向福山（烟台一带），是胶东山区北部平原、沿渤海湾延伸的一条大道，也是齐国的鱼盐运输线。

四是东南交通线，从即墨，经夷维（今高密市驻地附近）、高密（今诸城井沟镇刘家村南），在诸城南与临莒道相交汇，南下吴越，原是莒国内部交通线。公元前4世纪，齐国占有莒后，这条道路成为齐国东南的重要交通线。

从上述交通线路的走向看，先秦时青齐地区是以齐都临淄为交通枢纽，主要道路都不经过现在的潍坊市驻地。除临淄外，昌邑也是一个交通枢纽，因为昌邑在春秋时为齐国邶殿邑，是齐国五都之一，负有齐国东部地区战略安全之责[1]。随着区域经济开发和政治形势变化，隋唐时期东西和南北大道交汇点才转移到今潍坊市驻地。山东半岛地区交通枢纽几经变迁，由临淄转移至青州、潍坊。由此，山东半岛中心城市也由临淄转移到了青州和潍坊。道路交通变迁不仅对区域中心城市的形成起着关键性作用，而且还影响着整个区域城镇体系的布局、发展和演化。

---

① 钱林书：《战国齐五都考》，《历史地理》1987年第5期。

第二部分

白浪河上游
以古城村为
中心的阶段

（史前至魏晋南北朝时期）

　　顺河而下谋求更宏阔的冲洪积平原腹地，是我国古代城址转移迁徙的规律之一。密布着新石器时代聚落以及齐始都营丘、平寿县城、北海郡城等文化遗存的白浪河上游，可谓"潍坊之源"。

PART 04

第四章 潍源肇始：平寿古国与平寿都邑

历代潍坊（潍县）地方志记载历史沿革大都始自《禹贡》"嵎夷既略，潍、淄其道"，并把"平寿"作为潍坊城市源头。清《乾隆潍县志》记载："汉平寿故城，即夏三寿国（见《竹书统笺》）"[①]，民国《潍县志稿》卷五"疆域·沿革"记有："三寿，夷也。夏后杼（少康之子）征之，为汉平寿邑，即今潍县治所"[②]。夏平寿国是先秦文献《竹书纪年》明确记载的古国，不管这些记载准确与否，都说明潍坊城市与夏代平寿国和平寿都（邑）有不可割舍的"血缘"关系。

东夷文明

中华文明起源之初是个"满天星斗"的多元时代，各区系文明之间经过长期碰撞、交流和融合，形成了今天多元一体的中华文明。东夷文明正是中华文明谱系里最重要的远古文化之一，在中华文明起源尤其早期城市和国家孕育过程中发挥了中流砥柱作用。

山东是东夷人居住和生活的核心区域。这里气候温和、雨量充沛，尤其鲁中山区森林茂密，是采集和狩猎的理想之地。沂源县山洞发现的旧石器时代沂源猿人化石距今约四五十万年，证明海岱地区人类史极为久远。鲁中山区河谷平原、山前平

---

① 张耀璧：《乾隆潍县志》，"卷一·沿革"，第 31 页。
② 常之英：《潍县志稿》卷六"疆域·沿革"，民国三十年（1941 年）刻本，第 1 页。

原以其土壤肥沃、水资源丰富成为原始农业发展的理想环境。旧、新石器时代文化遗存主要围绕鲁中山区分布，成为海岱文化发源地。

　　新石器时代山东地区的东夷文化，经历后李文化（距今8500—7500年）、北辛文化（距今7500—6300年）、大汶口文化（距今6300—4600年）、龙山文化（距今4600—4000年，文明探源工程已将龙山文化纳入夏纪年）和岳石文化（距今3900—3600年）等阶段，创造了完整的史前文化世系。后李文化时期，山东地区已存在小规模聚落，原始先民开始定居生活，原始农业萌芽。北辛文化时期，原始农业进一步发展，陶器类型、烧制技术等趋向专业化，社会形态处于母系氏族阶段，所有制形态为氏族公有。大汶口文化时期，海岱地区原始社会进入繁盛期，分布范围包括今山东全境、河南东部、安徽淮北甚至山西汾河流域。墓葬显示出明显的贫富分化，反映了聚落内各家族相对独立的经济状况。大汶口文化晚期社会形态已由母系氏族社会向父系氏族社会过渡，社会分层萌芽，原始礼制变化，形成了部落联盟形式的"古国"。大汶口晚期刻在陶器上的早期文字，也被视作文明发生的重要标志之一。

✕　诸城前寨遗址出土的刻有文字的
　　大汶口陶片

✕　姚官庄遗址出土的蛋壳黑陶杯

东夷文明在龙山文化时期进入最繁盛阶段，出现了大型灌溉系统和水井，开始大量种植小米和水稻。同时，精致黑陶礼器、常见祭祀遗址、小型铜件以及丁公陶文的出现表明龙山文化孕育出较高文明。聚落数量和分布范围远胜大汶口时期，聚落规模出现明显分化，中心聚落规模迅速扩大，说明龙山时期已经由原始社会向阶级社会转化，人类社会进入了最早的国家形式——龙山城邦国。黄帝、颛顼、帝喾、尧、舜，既是治国明君、更是争雄霸主，部落战争多发。伴随着城邦和部落之间商业交往乃至战争，龙山文化已跨越时空，逐步扩大，距今约4000年左右。随着中原文化崛起，特别是夏王朝建立，东夷文化融汇其中，成为中华文明起源主体之一。

聚落、初城、古国

文明起源是人类历史研究的重大课题。"城市是文明的载体，因为它是行政、教化、非农经济活动等的支点，也是为农村和农业服务的中介地，历史上城市的演变因而自然地体现了文明的演变"[1]。早在20世纪80年代，我国著名考古学家夏鼐先生在其《中国文明的起源》一书中就提出了"文字、青铜、城市"文明起源三要素标准。据此标准，"中国约在仰韶晚期至龙山时代早期（前3000—前2500年）便已跨进文明门槛"。但是，根植于农耕文化的中国原始城市文明，与游牧文化、海洋文化、商业文化为主的西方不同，基于农业耕作区的大量史前聚落是其重要特征。为此，1985年著名考古学家苏秉琦提出了"古文化、古城、古国"概念，并建立了原始文化与古城、古国之间的逻辑关系，奠定了中华文明起源研究基础理论[2]。著名考古学家、山东考古所所长张学海又进一步提出以典型史前聚落群"都、邑、聚"金字塔形等级结构和原始城市标准作为判别古国形成、探索中华文明起源的方法，广泛应

---

① 薛凤旋：《中国城市及其文明的演变》，北京联合出版公司，2019年，第1页。
② 苏秉琦：《辽西古文化、古城、古国——试论当前考古工作重点和大课题》，载《华人、龙的传人、中国人——考古寻根记》，辽宁大学出版社，1994年，第41-44页。

用于当前考古研究。古国应当首先在先进的原始农业部落诞生。尤其是随着木耜、骨耜等生产工具改进以及农业灌溉系统演进，原始农业剩余价值开始出现，为阶级分化提供了经济基础。一部分人从农业生产完全或者部分脱离出来，从事行政管理、祭祀、教化乃至手工业、士兵等工作；一部分人因战争掳掠而成为奴隶；作为原始国家的两个主要功能——"军事和祭祀"开始出现。山东地区大汶口文化中期已存在数十个史前文化中心、聚落群或者部落联盟。社会进程较快的，如泰安大汶口、莒县陵阳河等部落，在距今5000年前后大汶口文化中晚期之交，已向国家形态过渡。龙山时代，许多原大汶口文化部落已转变为古国。

这种脱胎于农业部落又高于部落的稳定、独立政治实体就是古国。这些古国有着金字塔形等级结构，处于塔尖的是作为古国统治中心的原始城市，即古国的"都"，居住着统治集团。这些"都"以其保卫性和中央行政控制职能而成为城堡式龙山城市，也称原始城市，薛凤旋教授谓之"初城"。原始城市一般围有堆筑或夯土而成的城墙，绕以深宽不等的护城壕，遗址中常有宫室基址和礼仪性建筑基址，城内或城外有墓葬群。目前国内已发现最早的古城为城头山遗址，距今6300年，位于湖南省澧县城头山村，现存墙体宽25—37米，墙高2—4米，城外有护城河，城内占地76,000多平方米。处于塔基位置的是一批从事农业生产的村落，是古国的社会基础。血缘纽带关系对于脱胎自部落的古国社会有着重要作用，乡村聚落内实行着族居、族葬。这种金字塔形等级社会结构，反映了原始城市一经出现，就开始了城乡分化进程。初期分化不明显，只有形成区域政治、经济、文化中心，产生原始城市，社会形成等级结构，城乡分离才最终完成。"物质劳动和精神劳动的最大一次分工，就是城市与农村的分离。城乡之间的对立是随着野蛮向文明的过渡、部落制向国家的过渡、地方局限性向民族的过渡而开始的，它贯穿着全部文明的历史"。"古国社会的这种等级结构和城乡分离，是社会经济、社会分工、社会关系分化的发展，已超越氏族社会阶段的重要尺度。所以只需要从是否已经形成等级社会结构，是否产生了城市和实现了城乡分离这两方面进行考察，就可以确定是否已进入国家社会"①。中华文明探源工程首席专家王巍先生认为："在龙山时代，也即文献记载的'尧舜禹'时期，在广阔的中华大地上存在着众多的'国'，这些'国'应是一个个由一个中心聚落与其周围的一些聚落所构成的聚落群。"②这种金字塔型等级结构既是阶级分化、城乡分离、社会分工的必然产物，也是阶级性在地理空间布局上的客观反映。主观上，"筑城以卫君"，辅以宗教、礼器、暴力机器，有利于统治阶级固化其利益、强化其控制力；但是客观上，也有利于把原始先民组织起来、凝聚起来，促进文化和商品繁荣发展，提高生产力水平和抵御外部袭扰的能力。"城"是"国"的统治工具，"国"是"城"的经济基础。这些聚落群面积数百至上千平方公里，比《孟子》《尚书大传》所记分封诸侯"大者百里"的范围还要大。随着夏王朝建立，夏都设立，三级聚落体系升级为四级。

潍坊史前聚落

潍坊地区是东夷文明核心区，龙山文化时期，文明高度已处在东夷文明发展区系前列。后李文化遗存目前年代最早的是寒亭前埠下遗址。北辛文化遗存主要分布在弥河、潍河流域。大汶口文化时期，聚落遗址已遍布潍坊地区。龙山时期是东夷文化繁盛期，遗址规模和数量成倍增加，潍坊地区形成了相对集中的六大遗址群，即渠河中上游以安丘仉岗、芝泮为中心的遗址群；潍河与汶河交汇处以安丘杞城为中心的遗址群；白浪河上游以昌乐高家庙、河西为中心的遗址群；大丹河上游以昌乐北岩、邹家庄为中心的遗址群；弥河流域以临朐西朱封、龙岗为中心的遗址群以及以寿光孙家集、青州谭坊为中心的遗址群。"两个龙山城邦国的间距，在山东地区约为50千米，中原地区约100千米。因此，一国之都或一级聚落的腹地的半径为

---

① 张学海：《试论山东地区的龙山文化城》，《文物》1996 年第 12 期。
② 王巍：《聚落形态研究与中华文明探源》，《考古研史》2023 年第 1 期。

25—50千米，人口数万"[1]。白浪河上游流域、丹河流域、潍河上游流域聚落群间距均为50千米左右。潍坊地区大汶口、龙山文化时期遗址群，具有分布密集、数量多、面积大、文化堆积厚等特点，许多遗址文化层相互叠压，反映出潍坊地区古文化发展的延续性。

潍坊最具代表性的是以寿光呙宋台、青州苏埠屯为中心的大型遗址群。呙宋台周边遗址有边线王、前胡营、火山埠、钓鱼台以及青州谭坊等，主要为大汶口至龙山时期，一直延续到岳石文化和商周时期。其中孙家集镇发现古遗址50处，约占该镇现有村庄个数的71.4%，遗址密度国内少见。20世纪80年代发现的边线王龙山城堡遗址，是当时国内已发现的四座龙山古城之一。城堡由内、外两座组成，均呈不规则方形，外城边长200米，内城边长100米。内城早，外城晚，均属龙山文化时期。内、外两城都有夯土城墙环绕，城内既有高大夯土台基建筑，也有小型建筑，构成面积较大的成系统的建筑群落。该聚落遗址群具有金字塔式"都、邑、聚"层级结构，毫无疑问是一个以城市为核心具有"主权"的小型城邦式古国。

纵观潍坊地区聚落遗址分布情况，尤其是大汶口至龙山时期，已经呈现出明显的组群式分布特征和金字塔式层级结构。这些遗址群一般由30-50个大小不等的聚落组成，个别多达70个以上。大型中心遗址常有城堡存在，中型遗址往往有6-7个且围绕中心遗址分布。大型中心遗址除寿光边线王城堡外，大丹河上游遗址群内邹家庄遗址发现一条南北向断面为倒梯形深达7米的壕沟和大量陶器，也是一处建有大型防御设施的龙山古城遗址[2]。由此推测，其他几个规模较大聚落群，中心遗址也应存在龙山城堡，且已发展为古国。据史料记载，史前至商周时期，潍坊市域存在一些东夷古国，如诸国、平寿、寒国、莱国等。如何为这些古国或臣服于夏、商王朝的方国"溯本求源"？这些规模宏大的史前聚落遗址群或许就是"无字史书"。

---

① 薛凤旋：《中国城市及其文明的演变》，北京联合出版公司，2019年，第47页。
② 李学训：《昌乐文物》，济南出版社，2006年，第25—26页。

白浪河上游史前聚落

自1960年白浪河上游发现姚官庄龙山遗址以来，潍坊市文物部门先后3次对白浪河上游流域进行较全面的考古普查，共发现新石器时代和商周、汉代聚落遗址44处（不包括墓葬等其他遗址），加上距离较近的虞河、大圩河上游25处聚落遗址（白浪河与虞河、大圩河距离相近，亦无山河隔阻，属同一地理单元），共计69处（详见附表1）。特别是昌乐乔官镇到白浪河水库大坝一带，长25公里、宽10公里范围内，有史前聚落遗址32处、商周和汉代遗址9处，是白浪河上游流域古文化遗址密集区，是《竹书纪年》记载的夏平寿国核心区，也是战国平寿邑、两汉平寿县和魏晋南北朝北海郡治所在地。以地理单元和历史渊源论，该区域可谓之潍坊城市之源，笔者呼吁打造潍坊城市之源历史文化公园，更好地保护和传承这些珍贵的历史文化遗迹。

文化类型

白浪河上游流域已发现的69处古聚落遗址，有新石器时代聚落39处（其中大汶口9处、龙山文化37处、岳石文化6处），占总数的56.6%；商周聚落23处，占总数的33.4%；汉代、隋唐7处，占总数的10%。这些遗址文化堆积较厚，叠压关系复杂。特别是新石器时代遗址，9处大汶口遗址中有7处叠压龙山文化遗存，打破关系复杂；6处岳石文化遗迹均与龙山文化遗址有关，说明该区域古文化有较强连续性。遗址中发现大量石器、骨器，最多的是陶器，如泥质白陶鬶、黑陶罐、黑陶鼎等。最具代表性的是姚官庄黑陶薄壳高柄杯，薄如蛋壳，造型精美，体现了极高的制陶水平。这种超越实用价值的礼器产生，必定伴随着宗教发育。另外还发现一处龙山时期祭台遗址——崇山石祖林，位于白浪河支流孝妇河东南侧，西北距高家庙遗址约7公里，西距河西遗址约9公里。崇山海拔仅177米，山顶残存着近百根石雕男性生殖器，是当今世界唯一大型远古石祖林。石祖大多残破不堪，仅有一根保存较完整，高约3米。石祖雕刻艺术古朴，不见任何金属刀刻斧凿之痕，应为"凿槽沁木"

✕ 昌乐崇山石祖林遗址

膨胀而成。原山东大学美术考古研究所所长刘凤君教授认为，石祖林为龙山文化时期遗存，与姚官庄薄壳黑陶年代接近，是巨石文化崇拜阶段，东夷文化进入父系氏族鼎盛时期生殖崇拜审美之作[①]。

　　与史前遗址相比，商周和汉代遗址数量减少，但是规模明显扩大。如河西商周遗址规模达20万平方米，汉代古城遗址（即原误认的"营陵故城"）规模达225万平方米。这些遗址表明，至少大汶口文化时期就有先民在此生活繁衍，直至魏晋南北朝以前，该地区一直是白浪河流域及其周边区域的政治、经济和文化中心。

<hr />

① 余光仁、尼松义：《揭开"昌乐骨刻文"的神秘面纱》，《东方收藏》，2009年第2期。

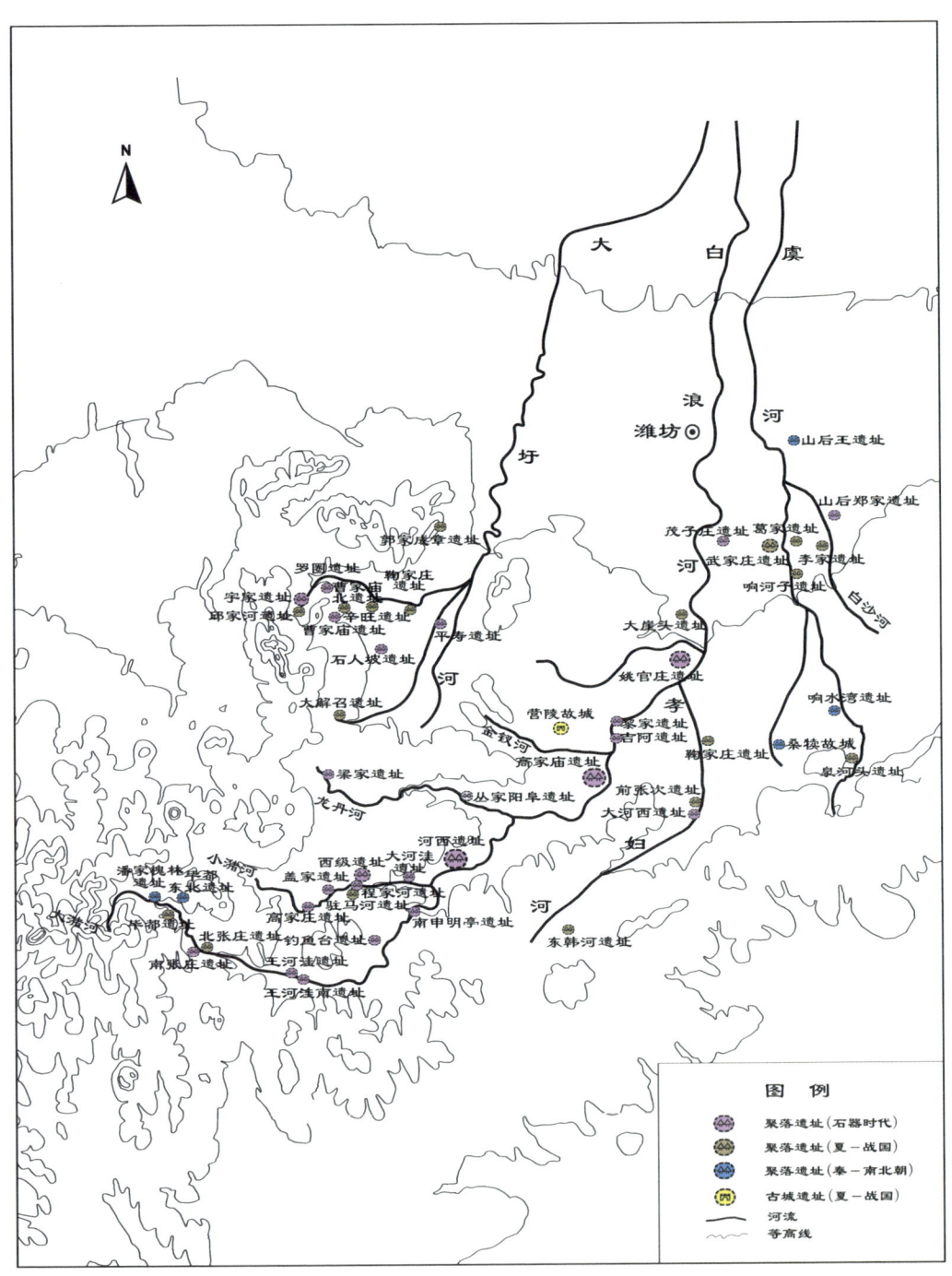

空间布局

遗址大都沿着白浪河以及猪河、龙丹河、金钗河、清水河、孝妇河等几条主要支流呈树枝状分布，尤以白浪河以西区域遗址数量最密集。特别是几个规模较大的遗址，如河西遗址、高家庙遗址、姚官庄遗址和大崖头遗址等均位于白浪河支流与其交会处，其他几个规模较大的遗址（如鞠家庄、毕都遗址等）也都位于河流附近一级阶地上，反映出史前人们即选择地势高亢、临近河流的区域作为居住场所（见图4-1）。据几个大型遗址位置推测，沿白浪河西岸有一条联系各大聚落的南北向大道，这条大道又与各支流沿岸道路相联系，构成聚落群内部"梳子"状路网体系。

等级结构

"大体上就是距今7000年以后阶段的史前文化，因为中国的城在此后产生，而体现着国家形成的社会分工和社会关系的分化也是6000年以后的事"[①]。白浪河上游流域已发现距今6500至4000年连绵不绝的聚落遗址，处于海岱地区新石器时代大汶口文化和龙山文化时期。岳石文化（距今3900–3600年）大致与夏代（"夏商周断代工程"断定夏代的年代为公元前2070年至前1600年）中晚期二里头文化同期，该区域也有部分岳石文化遗存，但已被二里头文化光芒遮盖为非主流。该区域共发现7处大汶口文化遗址，最大的为盖家庄遗址，位于白浪河支流猪河与一条无名小河夹角台地，面积约2万平方米，其上为龙山文化层叠压或打破关系，部分断面发现灰坑遗迹，并含少许夹砂红陶片；其次为程家庄遗址，残存面积约1200平方米，文化层厚1.6米，地面和断崖暴露少许灰坑、烧土和陶片等。其他5处分别为河西遗址、姚官庄遗址、吉阿遗址、西级遗址、鞠家庄遗址，都发现了少量大汶口文化遗物或灰坑，大都压在龙山文化层之下，面积和厚度不清楚，无法判其是否已出现社会等级结构。龙山文化时期，该区域聚落遗址数量和规模迅速增加，并呈现出明显的层级

---

① 张学海：《试论营地古文化古城古国》，载《中国古都研究（第十六辑）—中国古都学会第十六届年会暨营文化研讨会论文集》，1999年，第32–33页。

分化。目前已发现的39处龙山遗址，按张学海先生提出的分级标准：一级遗址（30万平方米以上）1处，为高家庙遗址（原遗址面积约35万平方米，现存26万平方米）；二级遗址（20万平方米以上）1处，为河西遗址（20万平方米）；三级遗址（10万平方米以上）4处，分别为姚官庄遗址（16万平方米）、大崖头遗址（17万平方米）、高家庄遗址（12万平方米）和范家庄遗址（15万平方米）；四级遗址（3万平方米以上）12处；五级遗址（3万平方米以下）21处（详见附表1，部分重复归属于不同遗址）。尽管地面踏查得出的遗址面积不够精准，数量也有出入，但是反映出的白浪河上游聚落群金字塔形等级结构已是事实。再结合这一时期部落战争增多，我们有理由相信，该区域中心聚落在大型环壕聚落的基础上可能增建了堆筑或夯土城墙，发展为龙山城堡式"初城"。

中心聚落

处于塔尖、规模较大、位置相对居中的中心聚落，常因其环壕或城垣而成为具有保卫性和中央行政功能的城堡式原始城市。那么，哪个是白浪河上游流域的中心聚落呢？

姚官庄遗址是该聚落群唯一经过正式发掘的遗址，位于白浪河西岸一土丘南坡，面积约16万平方米，1960年因修建白浪河水库进行了抢救性发掘。"这次发掘1725平方米。发现龙山文化灰坑128个，墓葬12座，周代灰坑29个，陶窑1座和墓葬12座，出土石器194件，骨器50件，可复原陶器529件"[1]，被考古界称为"典型龙山文化遗址"。姚官庄遗址还发现有大汶口窖穴等大汶口遗物。从发掘的墓葬看，"随葬器物较少，最多的只有9件"，表明并非贵族聚落，应该是聚落群的"邑"。

河西遗址位于营丘镇河西村西邻，面积约20万平方米，规模居该聚落群第二，龙山、商周和汉代都有文化遗存，还发现了代表岳石文化的双孔半月形石刀。龙山文化层厚约0.4米，商周地层叠压在龙山层之上，厚度2—3米，说明是商周时期重要

---

① 山东省文物考古研究所：《姚官庄遗址发掘报告》、《文物资料丛刊》，1981年第5期。

聚落或城邑。著名考古学家、《海岱考古》常务副主编王树明先生认为这里是齐国初封地营丘或春秋时期缘陵城遗址[①]。该遗址龙山文化层厚度不大，且大都压在商周文化层之下，规模难以判断，作为龙山时期中心聚落的可能性不大。

平寿遗址位于浮烟山西南侧、大圩河东岸，面积约2万平方米。文化堆积厚1—2.5米，暴露有灰坑，采集的龙山文化陶片以夹砂灰陶为主，夹砂红陶、泥制黑陶、灰陶也有一定数量，纹饰有弦、乳钉、附加堆纹等，可辨器型有鼎、鬶、豆、罐、盆、杯等。石器有刀、纺轮，另有汉代泥质灰陶灯、罐、板瓦等残片。该遗址规模不大，位置处于白浪河上游聚落群边缘地带，不似中心聚落。

高家庙遗址位于白浪河西岸、高家庙村东北高地，现存面积约26万平方米，是白浪河上游聚落群最大聚落。遗址西侧发现深3—4米、宽10余米的城壕，城壕内侧偏南段有7—8米凸出部分，内含大量龙山文化陶片，分层明显，推测可能为堆筑城墙遗迹（见高家庙遗址图片1、2），应为白浪河上游区域中心聚落。总之，白浪河上游龙山文化时期聚落群具备"都、邑、聚"金字塔型等级结构，中心聚落——初城规模近30万平方米，说明白浪河上游聚落群至晚在龙山文化时期已形成国家。

平寿古国

"平寿"之名最早见于《汲冢竹书》："柏杼子征于东海及王寿，得一狐九尾"。《路史·国名纪六》有记载："王寿，夏世侯伯之国，宜是平寿，在潍州西南三十里"，清人雷学淇《竹书纪年义证》六："三寿，东海之国名也"。逄振镐先生认为王寿国在今潍县西南三十里。据此，平寿古国应在潍坊市区南部白浪河上游流域聚落群。

时间上，平寿古国见于夏代，但形成国家应在夏代前。《竹书纪年》记载："少

① 王树明：《山东高青陈庄西周城址周人设防薄姑说——也谈齐都营丘的地望与姜姓封国》，《管子学刊》，2010年第4期。

康即位，方夷来宾"，杨树达《积微居甲文说》解释说："据此知方族之立国，远在夏时，少康中兴，方尝效顺"[1]，即夏代之前很多东夷古国已存在。大汶口文化晚期和龙山文化时期，考古界称为龙山时代；龙山时代下限距今4000年左右，约在夏王少康、夏王杼时期，而龙山时代是白浪河上游流域史前聚落繁盛时期，与夏代平寿国存续时间正好符合。夏代初期也是东夷各国势力强盛期。

空间上，潍坊市区及周近地域有明确记载的夏代古国除平寿外，还有斟鄩、斟灌和寒等。寒国为夏代及以前的东夷古国，其位置在今寒亭一带古今无疑，白浪河下游的鲁家口龙山遗址应是古寒国重要聚落，前埠下后李遗址应是其原生聚落之一。《水经注》："尧水又东北经东、西寿光二城间。应劭曰：'寿光县有灌亭'。杜预曰：'在县东南，古斟灌国也'"[2]，即今寿光洛城斟灌村。《潍县志稿》："灌亭即斟灌，在今寿光东南境，东南去潍县六十里，斟鄩去灌亭九十里，则又在潍县东南明矣。"[3]《竹书纪年》："帝相二十七年，浇（寒浞之子）伐斟鄩，大战于潍，覆其舟灭之"，说明斟鄩在潍坊东南潍河附近。据考证，大致在今坊子眉村一带。由此，用排除法推定，夏平寿国应在潍坊市区南部白浪河上游史前聚落遗址群。

据考古调查和其他古国方位判断，夏代平寿古国繁盛时期范围大致为：东至寒亭浞河西，东南到汶河北，西到大圩河西侧山区，北到今潍坊市区一带，总面积约900平方公里。

平寿国都

作为龙山城堡式中心聚落的高家庙遗址，"养在深闺人未识"。20世纪80年代初第二次全国文物普查时，高家庙遗址已被发现，当时称之为"营丘遗址"，并被列

---

① 方诗铭、王修龄：《古本竹书纪年辑证》，上海古籍出版社，1981年，第7页。

② 郦道元：《水经注》，中华书局，2013年，第594页。

③ 常之英：《潍县志稿》卷七"疆域·遗迹"，民国三十年（1941年）刻本，第161页。

为省级文保单位，但在第三次文物普查时，误将该遗址分成营丘南和高家庙两个遗址，因此没有引起考古界的重视。近两年，因潍坊申报国家历史文化名城缘故，笔者多次邀请考古界专家现场踏勘，认为高家庙遗址是一处重要的大型古文化遗址。或许在第二次考古普查时，调查者已经意识到该遗址与其北侧不远处"营陵故城遗址"（笔者认为"平寿故城"）的关系，因此才命名为"营丘遗址"，实际上该遗址正是《竹书纪年》提到的夏平寿古国都城（见图4-2）。

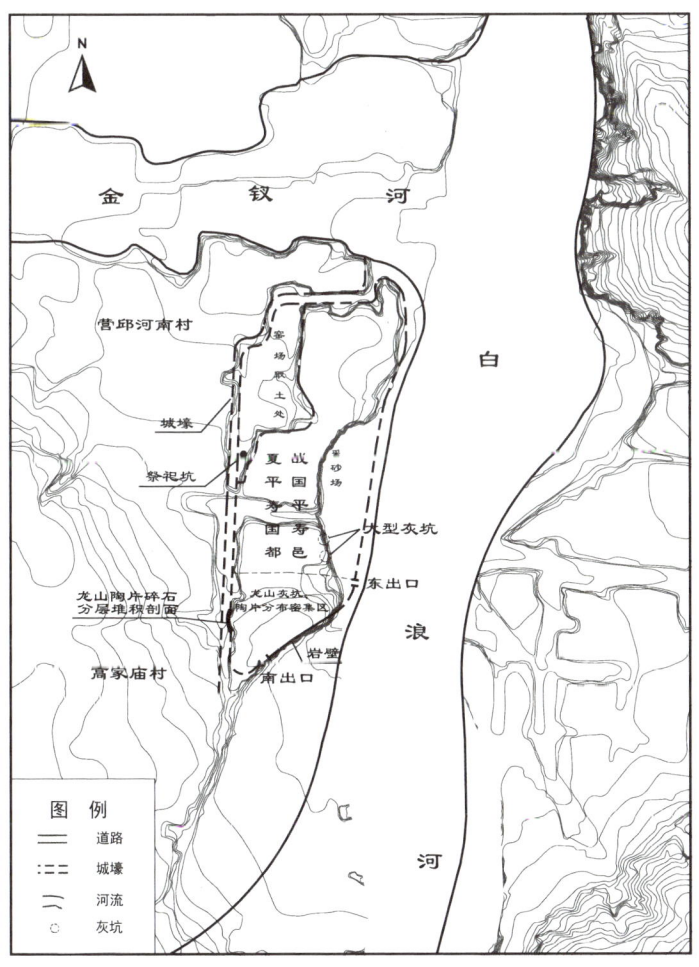

× 图 4-2 高家庙遗址平面示意图

※ 高家庙遗址图片 1

※ 高家庙遗址图片 2

※ 高家庙遗址图片 3

※ 高家庙遗址图片 4

※ 高家庙遗址图片 5

高家庙遗址位于白浪河上游营丘镇高家庙村和营丘河南村之间一处台地，南侧和东侧紧邻白浪河，北侧为金钗河，西侧为一条南北向壕沟，整个台地被壕沟断崖和河流所环绕，形成一个明显凸出于河岸的独立区域（见图4-2）。台地整体呈南北狭长形，东西宽约300—350米、南北长约1000米，南部略高，中部和北部平坦，总面积约34万平方米（西北部分遭窑厂取土破坏，现存26万平方米）。台地南缘为高达5米多的花岗片麻岩峭壁（高家庙遗址图片1），正挡西南而来的白浪河激流；台地西南角有一宽约7—8米、深3—4米凿石而成的开口（高家庙遗址图片2），应是聚落向南通往白浪河边的通道；东侧沿河断崖除少部为岩石外，大部为黄褐色坚硬土层，离东南角约150米左右也有一个向东通往白浪河的开门，开口的南北两侧有大型灰坑（高家庙遗址图片3）；北侧紧临金钗河，沿河上溯700—800米即是"平寿故城遗址"（即被误认的营陵故城）。台地西侧有一条深3—4米、宽18—25米的南北向壕沟，在距离金钗河约100米处转而向东，于台地正北部通往金钗河。除西北部被窑场部分取土外，壕沟两侧均十分规整，明显是人工挖土所筑。沟壁两侧均有大量砖瓦和陶瓷碎片，特别是在壕沟南段2—3米深度发现数层含大量大汶口和龙山文化陶片的堆积层（高家庙遗址图片4），每层约20—30厘米，规整有序，南北延伸长达十几米，疑似城垣遗迹。中段内壁上述发现一大型祭祀坑，牛的头骨、牛角和肋骨清晰可辨。遗址南半部砖瓦、陶片和灰坑分布最为集中，文化堆积厚达3—4米，以龙山泥质和夹砂黑陶居多，可辨器型有鼓腹缸、高颈缸、鼎、盆、杯等，还有不少明显打磨过的石器和磨制工具。遗址北半部砖瓦陶片较之南部略少，且多以商周时砖瓦陶片为主，有泥质灰陶直口、深腹圜底罐残片以及战国至汉代大型瓦当，说明该遗址从大汶口、龙山文化时期一直延续到战国和汉代。初步推测，该遗址很可能有南北两个城，早期的龙山城应在遗址南部区域，商周以后或春秋战国时又进一步向北扩展，成为南北相对狭长、有大型城壕环绕的城市。

考察初城聚落，有两个要素应引起重视，即环壕城墙和礼仪性建筑，以环壕、城墙增强其保卫性，凭"祭天、敬祖"等礼仪性建筑扩大其中央行政控制力。"祭天、敬祖"有利于强化父系氏族家长制、传子制乃至宗法制的"合法性"。高家庙遗址具备这两个要素。通过现场调查、相关遗址比对和文献资料分析，推测高家庙遗址约在龙山时期由大型环壕聚落发展成为考古学意义上的"原始城市"，并成为夏平寿国都城。从时间上看，该遗址与夏平寿古国存在时间大致相当。夏平寿古国多见诸史籍。从地形上看，高家庙遗址较高的台地地势有利于排涝、防洪。"龙山晚期以及商代中期，中国均发生了特大水灾，淹没了不少当时的城市，包括商代国都。考古证明，龙山文化遗存在晚期出现了约100年的断层，而数个现存龙山城市遗存亦有城墙被洪水淹毁的痕迹"①。防洪排涝是这一时期及以后中心聚落选址需考虑的首要问题。从位置上看，高家庙遗址居河西遗址与姚官庄遗址之中，正处夏平寿古国核心区，有利于中央行政控制和商品交换，特别是沿金钗河上溯约700—800米河北岸即为汉平寿故城。战国与秦、西汉前后相续，西汉初期设置汉平寿县时，存在由金钗河南岸战国平寿邑迁移到北岸设平寿县治的可能性（见图5-3，汉平寿县城位置示意图）。当然，该遗址尚未发掘，仅作为夏平寿国都、战国平寿邑，或者说潍坊城市起源问题的溯源性探讨。基于初步考古调查的有限证据和逻辑推理得出来的结论，终究不能替代事实。期待相关部门尽快启动考古发掘，通过考古实据来验证或者修正这一结论。假如推论正确，它将超越金钗河北岸的汉平寿故城成为潍坊城市最早的发源地。

有穷朝

考察一个古国或者说一个初城的兴衰，不能不虑及地缘政治问题。

关于平寿古国的地缘政治问题，笔者主要参考《史记·夏本纪》、古本《竹书纪年》以及《左传》。《夏本纪》虽有传说成分，但作为信史的部分占绝对优势。司马迁家族累世为史官，世代续积了大量传世文献。这其中必定有难以流传至今的竹木

---

① 薛凤旋：《中国城市及其文明的演变》，北京联合出版公司，2019年，第12页。

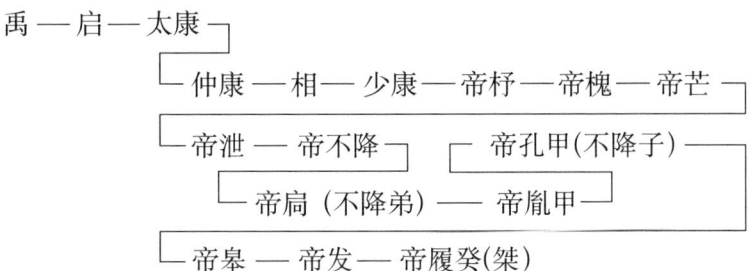

※ 图 4-3 夏朝世系表
说明：此图据李学勤《〈五帝本纪〉〈夏本纪〉讲义》（清华大学出版社，2022 年，第 133 页）绘制。

简、帛书等。即使见到也未必能看懂，太史公熟知的甲骨文、钟鼎文等古老文字至今尚未完全破译。太史公"西至空桐，北过涿鹿，东渐于海，南浮江淮"，考之以传世文献，验之以地理、古迹、传说，治史认真严谨。《史记》之《殷本纪》已被殷墟考古验真。另外，"探讨夏代历史文化的学者，都要引述《竹书纪年》。特别是研究夏代的年代和都邑等，更离不开《纪年》的记载"[1]。

《夏本纪》"夏后帝启崩，（启）子帝太康立。帝太康失国，昆弟五人，须于洛汭，作五子之歌"，古本《竹书纪年》载："自禹至桀十七世，有王与无王，用岁四百七十一年。" 这段太康失国后"无王"的历史，恰四十年，正是"（后）羿、（寒）浞代夏"时期，后羿、寒浞先后为有穷氏首领，也有史学家称之为"有穷朝"。

大禹治水、夏朝立国都离不开强盛的东夷族。"夏朝的一个重要依靠，是源自对东方和东南方向夷人的统治。夏朝对东南方向夷人的统治，有好的一面，也有不好的一面。好的方面是控制了东南的夷人，不好的方面是曾经被后羿取代，差点亡国。因此，夏朝与夷人的关系是我们研究夏朝历史时特别值得注意的"[2]。"单就山东说，夏朝的统治部落集团，进入这个区域，就把一些强有力的同姓部落安置在山东来镇抚他们。北面邻近渤海，为寿光、益都，南为潍县，再南为安丘，又南为诸

---

① 李学勤：《〈五帝本纪〉〈夏本纪〉讲义》，清华大学出版社，2022 年，第 161 页。
② 李学勤：《〈五帝本纪〉〈夏本纪〉讲义》，清华大学出版社，2022 年，第 166-169 页。

城，发展到黄海之滨。这是夏朝的防'夷'阵线，重点为潍县、安丘、寿光、益都"①。夏初曾立同姓之方国斟鄩（传为"仲康之子"所立，推测应与夏后氏失国有关）、斟灌于古平寿国周边。《汉书》曾明确记载："夏斟鄩，古在河南，盖后迁北海"，而迁"夷"之夏方国斟鄩、斟灌先后被"浇"（寒浞之子）所灭（史载"浇"灭斟鄩之战发生在潍河）。

《左传·襄公四年》："昔有夏之方衰也，后羿自鉏（古地名，一说德州）迁于穷石，因（承）夏民以代夏政。恃其射也，不修民事而淫于原（野）兽（狩猎）。弃武罗、伯困、熊髡、龙圉（羿之四臣）而用寒浞。寒浞，伯明氏之谗子弟也。伯明（氏）后（君主）寒弃之，（东）夷（后）羿收之，信而使之，以为己相。浞行媚于内而施赂于外，愚弄其民而虞（通'娱'）羿于田（野），树之诈慝（邪恶）以取其国家，外内咸服。羿犹不悛（知错），将归自田，家众杀而亨（通'烹'）之，以食其（羿）子。其子不忍食诸，死于穷门。靡（夏之旧臣）奔有鬲氏。浞因（承）羿室（妻妾），生（寒）浇及（寒）豷，恃其谗慝诈伪而不德于民。使（寒）浇用师，灭斟灌及斟鄩氏。处浇于过（今莱州西北），处豷于戈（今商丘、新郑间，应有监督夏后氏之意）。（伯）靡自有鬲氏，收二国（斟灌、斟鄩）之烬（残余势力），以灭浞而立少康。少康灭浇于过（国），后杼（少康之子）灭豷于戈（国）。有穷由是遂亡。"②这段记载，生动记述了"羿浞代夏""少康复国"的过程。

"疑古派"否认以上夏代早期历史。李学勤先生则认为这段故事有它的真实性，从太康、仲康、少康名号中可以得到证明。甲骨文里，"康"就是"庚"，实际就是太庚、仲庚、少庚。夏王世系中还有孔甲、胤甲、履癸（桀）也用天干命名。周代已经不懂这种名号的蕴义，这种命名法不是造假之人能够想象得到的。李学勤先生还指出，斟鄩、斟灌在寿光、潍坊一带，寒氏地望（指地理位置）在今潍坊寒亭区，有穷氏在德州，有鬲氏在平原县，有仍氏在济宁。斟鄩也有记载在洛阳附

---

① 《山东的历史和文物》，《文物参考资料》，1957年第2期。
② （战国）左丘明：《左传》，上海古籍出版社，2015年，第796、797页。

近，可是斟灌和有鬲氏、有仍氏一定在山东。因此，这段波诡云谲的历史主要发生在今山东地区。

"羿浞代夏"，本质上是东夷族与夏后氏关于华夏领导权之争。因助禹治水有功，禹禅位于东夷族首领伯益。《夏本纪》载"三年之丧毕，益让帝禹之子启，而辟居于箕山之阳"，而据《竹书纪年》："益干启位，启杀之"，改"公天下"为"家天下"。

寒浞代夏之后，对平寿古国影响几何？一说二里头遗址（今伊洛平原）即夏都斟鄩。古本《竹书纪年》记载，"太康居斟鄩，羿又居之，桀亦居之"，唯独没提到代羿之寒浞居斟鄩，再结合寒浞"处浇于过（今莱州西北）"且晚年由"浇"代政，推测寒浞杀羿代夏后，很可能将华夏统治中心迁至古寒国。武王伐"商"后，也是还都丰镐，只是在原商都周边设"三监"。与平民起义不同，这种氏族之间相互征伐后，基于安全和生活习性，还都本氏族地望的可能性更大。毗邻古寒国的东夷族平寿国，此时成为统治华夏的"王畿"之地。今寒亭区东冢子后村南有寒浞冢。乾隆《潍县志·冢墓》载："寒浞冢，在城东三十里。冢高三、四丈，广数百尺"，目前为市级重点文物保护单位。笔者多次呼吁就地建遗址文化公园，以保护历史遗存，并将之打造为寒（韩、过）姓始祖纪念地。经历过"王畿"之地高光时刻的平寿古国随着寒浞败亡，再难见诸商周史籍。

考察潍坊城市起源，总是绕不开备受争议的历史人物——寒浞。儒家以其义理之需，运用所谓"春秋笔法"，抹杀其历史功绩，攻其"行媚于内而施赂于外"的权术手段以及私通后羿之妾等私德。但是，从历史发展的角度辩证地看，寒浞可能是中国最早的革命家、改革者之一。首先，寒浞有治国理政之能。取代"不修民事而淫于原兽"的羿之后，"处浇于过，处豷于戈"，完善了奴隶社会"封邦建国"制，华夏、东夷保持了长期的和平、稳定、繁荣时期，极大地促进了东夷文化与华夏文化的融合。其次，寒浞有卓越的军事之才。年轻时讨有穷氏叛国方夷获大胜，受后羿青睐。即使耄耋之年，筹划复国已多年的少康、伯靡仍忌惮其军事才能及国势，及少康子"季杼"长大成才,"使女艾(少康臣)谍(暗算)浇,使季杼诱(杀)殪,遂灭过、戈"①,剪除其羽翼后,才敢进攻寒浞。第三,寒浞有不可磨灭的建设之功。流经潍坊市区的浞河即以寒浞命名;莱州也有一条浞河,是人工挖掘的连接"寒""过"两国的运河。清乾隆《掖县志》载:"浞河,城西六十里,世传寒浞所凿,俗名浊河。"更令人称奇的是,潍坊至莱州北部沿海有条"百里防海浞堤"。《掖县全志》载:"自过亭而西南,有土脉隆起(指土山一带),直指寒亭,传为(寒)浞(寒)浇之遗。"②这大概是历史最为悠久的百里防潮大堤了,惠及潍坊市区及周边城镇约4000年之久。

"征夷方"、纪国与平寿邑

盛极而衰之后,平寿古国再难见诸商、西周史籍。但我们可从平寿古国区域的商、西周其他古国历史中窥见一斑。

西周对今潍坊驻地及其周边地区的统治延续了帝辛(商纣)"征夷方"后的地缘政治格局。据李学勤教授等考证,帝辛征夷方一般认为有两次。夷方在今山东中东部,都邑在淄水、潍水之间。征伐路线大致为兖州—新泰—青州—潍坊。高广仁、邵望平先生曾论述"这一地区商代晚期的遗址分布相当密集……由于该区,特别是潍水流域,主要是在商代后期才受到商文化浸润的,因此呈现出一种复杂的文化面貌……从地理上看商文化因素所占比例由西而东递减,土著文化因素递增;从社会层次看商礼的浸润随社会层次的降低而递减"③。可见,"夷方"恰在商与东夷地缘政

① 左丘明:《左传》,上海古籍出版社,2015年,第1485页。
② 张思勉修、于始瞻纂:《掖县全志》,中国地方志丛书,成文出版社,1976年。
③ 高广仁、邵望平:《海岱文化与齐鲁文明——中国早期文明》,凤凰出版社,2005年,第78页。

治博弈地带。商王屡征夷方，商朝势力逐渐东扩，至"纣克东夷"，平寿古国应在其中。东夷各古国处在"金字塔"顶端的统治阶层应随着征伐而部分更替。

纪国，甲骨文、金文也称己国。《路史·国名纪一》列为夏商古国。定都纪（在今山东省寿光市纪台镇纪台村），属潍淄流域下游地区。早在龙山文化时期（距今4600—4000年），这一地区便产生了"城邦国"。前文述及的边线王古城堡就位于古纪国核心区。古纪国奴隶主墓葬陪葬品表明，商代晚期纪国已较为繁盛。春秋时纪国地域广大，一度西至郱(今临淄东安平)，毗邻齐国；南至骈（今临朐）；东南至郚（今安丘），接壤莒国；东北至鄑（今昌邑瓦城），平寿古国在彼时纪国辖区内。齐、纪、鲁为春秋版的"三国演义"，纪、鲁结好以抗强齐。周庄王七年（前690年），齐终灭纪，改纪国为剧邑。《寿光县志》载："剧有纪亭，古纪国也"。王莽曾诏令天下"古国皆立亭"。至少西周起，纪国统治阶层为炎帝后裔姜姓，该氏族原在甘肃成纪，后东迁河南，再迁山东，先定都东海赣榆（今连云港市赣榆区），后北上于此是否与"帝辛征夷方"或"武王伐纣"有关，尚待考证。

平寿邑，位于夏平寿古国区域，地处齐、纪、莱争锋地带，当先属纪国，后归齐国。齐国立国之初，"莱夷来伐"等地缘政治事件，都将波及古平寿国地区。经过商、西周、春秋，平寿占国至战国时成为齐国平寿城邑，"平寿"字样多次出现于金石铭文，如战国十年陈侯午敦铭文："用作平寿造器敦"（《海岱》第1152页）；见于平寿所铸兵器铭文："平寿□戈"（《三代》19·31·1），说明战国时期齐国平寿邑设有铸造和储存兵器的武库。平寿邑的治所，很可能沿用了平寿古国都城，即高家庙遗址或其周边。

PART 05

第五章 潍坊最早建置城市：汉平寿县城

如果说潍坊地区龙山文化时期出现的"城堡"只能算"初城"，那么究竟什么样的"城"或"人类聚落"才可以算作城市呢？"城"与"市"的组合才算城市。"城"一般指有"城垣"的聚落，而"市"则指有一定的工商业。但中国古代并非所有城市都具有城垣，同样也并非所有拥有城垣的聚落（如军事城堡、设防村落等）都是城市。由此可见，判断一个"聚落"是不是城市的决定性标准是其内涵而非外延。"中国早期城市的特质在于其都具有政治统治职能的中心聚落乃至都邑的内在属性。"[①]因此，现代历史地理学一般把"某个地方成为某一级别的治所时当作判别其成为城市的标志"[②]。潍坊最早的行政治所——汉平寿县城是其成为"城市"的关键标志。

秦汉统一后的青齐地区

公元前221年，强秦灭掉最后一个诸侯国——齐国，建立中国历史上第一个大一统的帝国。秦始皇废封邦建国制，把战国后期已在少数地区实行的郡县制推行全国。全国划分为36郡（后增至48郡），郡下设县，郡、县长官均由中央政府直接任命。原齐国范围内先后设立琅琊、临淄、济北、胶东四郡。公元前202年西汉建立后，在王畿地区实行郡县制，在汉朝廷控制不便的地区实行分封制，郡国并行。原

---

① 钱耀鹏：《中国史前城址与文明起源研究》，西北大学出版社，2001年，第32页。
② 李孝聪：《历史城市地理》，山东教育出版社，2007年，第4页。

齐国疆域实行分封制。汉高祖四年（前203年），先封韩信为齐王，都临淄。高祖六年（前201年），"以胶东、胶西、临淄、济北、博阳、城阳七十三县立子肥为齐王"。十一年（前196年），又封刘泽为营陵侯（侯国在今昌乐东南）。高后六年（前182年），"割齐琅琊郡，立营陵侯刘泽为琅邪王"，营陵侯国除为县，此为营陵县之始。汉文帝十六年（前164年），除琅琊郡直属中央管理外，又把其余6郡分置7国，分封给刘肥之七子，即齐、菑川、胶东、胶西、城阳、济北、济南国。今潍坊地区大致分属于琅琊郡和胶西、齐两国范围。

建郡立县的同时，秦始皇在全国范围内大修驰道。《汉书·贾邹枚路传》："（秦）为驰道于天下，东穷燕齐，南极吴楚，江湖之上，滨海之观必至。道广五十步，三丈而树，厚筑其外，隐（通"稳"）以金锥（金属夯具），树以青松，为驰道之丽至于此。"根据郭沫若、顾颉刚等考证，秦驰道经潍坊段，西起齐都临淄，经东安平、寿光、固堤、昌邑、莱州等，到达胶东一带。这段驰道是在先秦时期东北大道（临福道）基础上修筑而成。《莱州府志》和《潍县志稿》记录秦始皇东游遗迹6处，其中2处位于潍坊境内，即寿光望海台和寒亭禹王台。这段大道两汉时一直延续下来，直到西晋末期才发生改变。同时，自先秦时沿潍水河谷自昌邑（春秋时为邶殿邑，秦汉时为都昌县），经淳于、高密（今井沟镇刘家村南）至诸城的潍水道，由于琅琊郡治东武（今诸城）和胶西国治高密（井沟镇刘家村南）的设置此时更加活跃起来，成为沟通南北的重要交通线。秦驰道对山东半岛，特别是潍水流域城镇布局和经济社会发展产生了重要影响（见图5-1）。

秦汉以来的长期稳定让齐青地区经济社会得到了长足发展。潍坊地区籍以肥田沃壤，经济社会发展更是走在全国前列。农业方面，铁犁铧等铁制农具率先使用，农业生产获得了很大进步。同时弥河、潍河流域一些大型水利工程也发挥了重要作用。《史记》记载巨淀湖一带水利灌溉："东海引巨淀，泰山下引汶水，皆穿渠以溉田，各万余顷。"[①]《水经注》记载："（潍）水有故堰，旧凿石竖柱，断潍水，广六十许步，掘东岸，激通长渠，东北经高密故城南，蓄以为溏，方二十余里，古所谓高

---

① 司马迁：《史记·河渠书第七》，岳麓出版社，2012年，第427页。

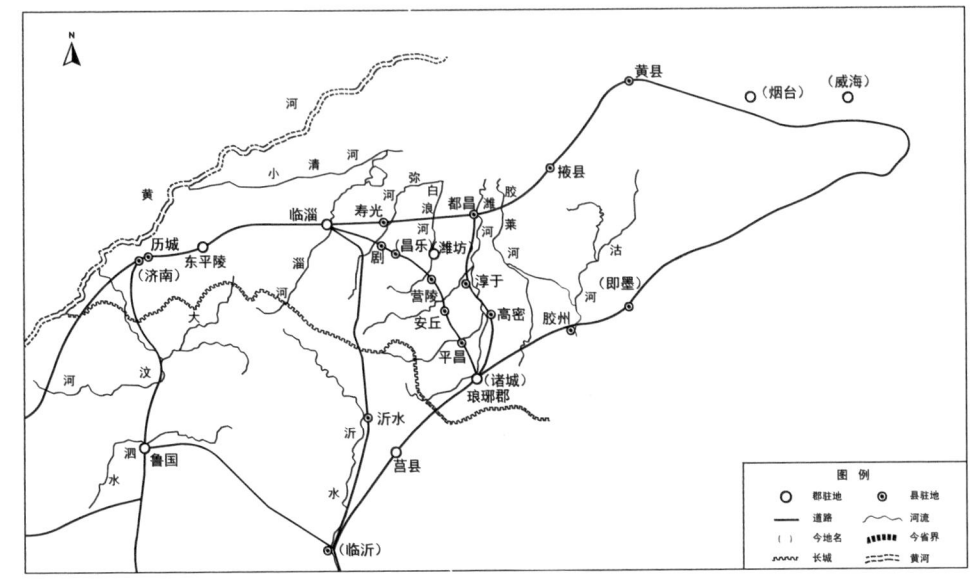

× 图 5-1 汉代山东主要道路交通示意图

说明：此图跟据《山东公路史》第一册"古代道路"《西汉山东商业城市及交通示意图》绘制。

密之南都也，溉田万顷许。"①此虽是《水经注》记载，但从"故堰"可知应是汉代水利工程。工商业方面，以临淄为中心的青齐地区在先秦时即是整个山东地区的商业中心，西汉时期仍称繁盛，武帝时"齐临淄十万户，市租千金，人众殷富，巨于长安"，迟至王莽时依旧为全国"六大都会"之一。汉代潍坊地区人口和城市数量也急剧增加。葛剑雄先生对西汉元始二年人口密度以郡国为单位进行了研究，当时北海郡为148人/平方公里，位列当时全国第三位②。据周长山先生统计，西汉末年，山东半岛县级以上城市数量达153座之多（包括侯国城60座），仅潍水流域即有19座，成为全国郡县级治所城市密度最高地区③。与此同时，潍坊地区文化也空前繁荣，出现了公孙弘、郑玄、徐幹、管宁、孔融等一批政治、经学和文学名家，形成了影响深

---

① 郦道元著、杨守敬疏：《水经注疏》，凤凰出版社，2014年，第607页。

② 葛剑雄：《西汉人口地理》，商务印书馆，2014年，第96-100页。

③ 周长山：《汉代城市研究》，人民出版社，2001年，第16页。

远的"北海文化圈"。雕刻、彩绘等艺术成就也极为突出，董家庄汉画像石墓、香山汉墓等都是当时闻名全国的重大考古发现，代表了潍坊地区高超的绘画、雕刻艺术成就和彩绘工艺水平。

北海郡初置

公元前157年，汉景帝即位后采用晁错提议，削弱诸侯王势力，导致了以吴王刘濞为首的"七国之乱"[①]，"七国"中就有胶西国。胶西国，为汉文帝十六年分齐国而立，封齐悼惠王子刘卯为胶西王。叛乱平定后，汉景帝二年（前155年），以"胶西王（刘）卯卖爵有奸，削其六县"[②]。据周振鹤先生考证，这六县正是营陵、平寿、斟、淳于、都昌、桑犊。此时胶西国东有胶东，南有城阳，西北有菑川，都是诸侯王国，在"削藩"背景下，六县不可能再给周边诸侯王国，故以六县另立新郡，此即北海郡肇始。从六县分布看，大部分在今潍坊城区及其附近。郡治设在营陵（即今昌乐营丘镇马宋村附近）。营陵曾是燕王刘泽始封侯国治地。《汉书·地理志》记载"北海郡，景帝中元二年（前148年）置，领县二十六"，但周振鹤先生认为，"中"字或衍"前"字之误，因为景帝中元二年未有削地之举，不可能另立新郡，所以北海郡设立时间当在汉景帝前元二年（前155年），直到汉武帝末期，北海郡也只有初始6县之地。西汉末《汉书·地理志》所载北海郡"领二十六县"的其余20县，除益县、寿光2县削自菑川国、安丘削自胶西国（汉武帝时）外，都是汉武帝推恩令之后从周边诸侯王国削析而来的王子侯国，得自胶东者10，高密者2，菑川者4，城阳者1[③]。

东汉初年，因长期战乱，经济衰敝，户口大量减少，光武帝刘秀"乃命合并，

---

① "七国之乱"：汉景帝时期因削藩引起的一次诸侯国叛乱，参与者有吴王刘濞、楚王刘戊、赵王刘遂、济南王刘辟光、菑川王刘贤、胶西王刘卯和胶东王刘雄渠等，但叛乱仅3个月即被周亚夫所率汉军平定。
② 司马迁：《史记·吴王濞列传》，岳麓书社，2012年，第1426页。
③ 周振鹤：《西汉政区地理》，商务出版社，2017年，第120页。

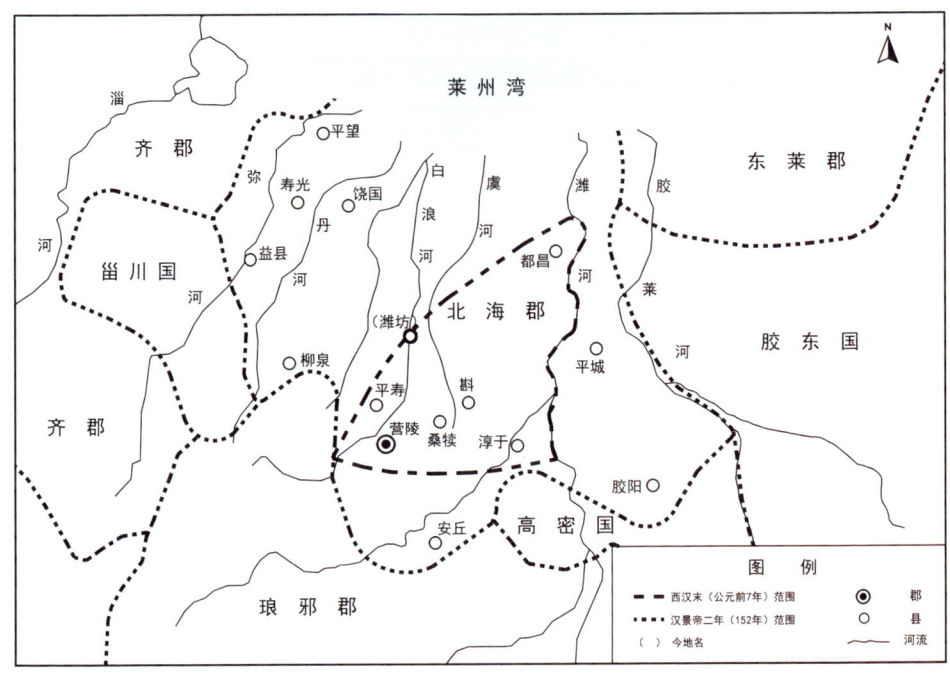

※ 图5-2 汉景帝二年与西汉末北海郡范围图

说明：此图是以周振鹤《西汉政区地理》地图十九为底图（第106页），同时参照《中国历史地图集》（谭其骧）西汉"兖州、豫州、青州、徐州刺史部"图（19—20页）标注6县位置。

省郡国十，县、邑、道、侯国四百余所"，潍坊周边剧魁、斟、桑犊等29县（侯国）先后被废。光武帝建武五年（29年）撤城阳国，建武十三年（37年）又省并菑川、高密、胶东3国入北海郡。二十八年（52年）改北海郡为北海国，并将其治所从营陵移置到原菑川国国治剧县（今寿光纪台），下辖十八县。西汉末年天下纷乱之际，张步以剧县为政治军事中心辖制青州广大地域，极大地提升了剧县的城市能级，为新置北海国治所从营陵移置剧县创造了条件。此时北海国虽然所辖县数大减，但其范围较之西汉时期扩大了许多，西达淄水河畔，向东跨越胶水，超过了现在的潍坊市范围。可以这样说，两汉长达400年余年时间里，今天的潍坊市域虽分属不同郡（国），但以北海郡（国）为主体的格局始终没变。

平寿县建置

汉景帝前元二年（前155年）北海郡设置时，平寿县是从胶西国削析而来，平寿县建置早于北海郡。但是由于缺乏历史记载以及西汉县级政区沿革复杂，要考证平寿县建置具体时间难度很大，周振鹤先生在《有关汉县沿革的几个问题》一文中明确指出过此难点。《汉书·地理志》对有汉一代所封侯国名录均有明确记载，而平寿不在其列。据肖爱玲女士对西汉齐地城市研究，西汉时期未被封为侯国的县治有91个[①]，主要来源：一是西汉高祖六年前即已存在的县治。二是因经济发展或其他原因新置县治。第二类县治很少，西汉全期仅14座，暂且排除。那么，平寿县最大可能是建立在西周至战国一直存在的平寿邑基础之上，西汉高祖四年（前203年）齐国设立的73个最早县级城市之一。营陵、剧县都曾为北海郡（国）治，但是时间较短。北海郡于建安三年（198年）徙治于平寿县，在平寿县城基础上扩建而成北海郡城，直至北齐天保七年（556年）迁徙至"西下密"，历时358年，影响更为深远。再者，汉平寿县城与平寿邑、平寿古国有明显的承续渊源，历代学者多视汉平寿县城为潍坊这座城市最早的建制城市，也是潍坊作为一座真正意义上的城市的开端。

汉平寿城位置与修筑时间

侯仁之认为，"研究一个具有悠久历史的城市，首先需要确定这个城市最早的城址，然后才能探讨这个城市之所以在这一城址上发展起来的原因"[②]。笔者在《引论》部分已考证昌乐古城遗址实际是魏晋南北朝北海郡城遗址，并不是人们通常认为的西周营丘古城或汉营陵故城。而北海郡城东南部"东西约900米，南北约600米，文化层厚达2—3米的汉代遗存"堆积处，即是汉平寿县治最早的城址。北海郡城是东汉末年或曹魏早期自剧县迁至汉平寿县城后在县治基础上向西、北扩建而成。实

---

① 肖爱玲：《西汉齐地城市时空分布特征研究》，《古都名城研究》第6卷，2007年，第37—43页。
② 侯仁之：《城市历史地理的研究与城市规划》，《地理学报》1979年第1期。

际上，很多学者早对昌乐古城遗址是营陵故城的说法提出过异议，如谭其骧先生在《中国历史地图集》中已明确将汉营陵县城标注在今昌乐营丘镇马宋村附近（白浪河南侧），李嘎先生也在其《山东半岛城市历史地理研究》附表中注明："平寿县城，在今昌乐县东南古城村，汉始置县，属北海郡"[①]。从微观地理形势看，这里东距白浪河不足1000米，南邻金钗河，正北有一突起山丘（当地人称"牛头埠"，海拔约102米），山丘前还有一条自西向东的小河，名曰长清河，可谓背山环水。白浪河可作天然的防御屏障，金钗河上游及其两岸泉流密布，涓涓不绝，为其提供着丰富的水源。北部正对的山丘是城市制高点，便于战时观察敌情。从宏观区位论，这里位于泰沂山脉向东延伸的尾闾北侧，为东、南、西三面的低山丘陵环抱，北部则是平衍肥沃的胶莱平原。就文化底蕴而言，白浪河上下游及其周边密集分布着大汶口、龙山和商周以至战国时期的众多遗址，这里自古以来就是白浪河上游政治、经济和文化中心地域。汉平寿城选址于此正是基于优越的地理条件和丰厚的文化底蕴。

汉平寿县城大致修筑于公元前200年至公元前190年前后。从古城遗址东南部集中分布的汉代遗存下并无其他文化层叠压的情况分析，汉平寿县城应建在新选的城址。基于"夏平寿古国和战国时期平寿邑很可能就在金钗河南岸昌乐高家庙遗址（即第二次文物普查时的营丘遗址）"的判断，推测西汉初期平寿县建置时从金钗河南岸（昌乐高家庙遗址）移到了北岸。这大概跟白浪河上游营陵城从河北岸移到南岸重建的时间和原因相同。秦始皇一统天下后，为强干弱枝，实行"堕名城"政策，天下城邑受损严重。据《汉书·高帝纪》：汉高祖刘邦为重建大乱之后的社会秩序，整备国家机器，于高祖六年（前201年）"令天下县邑城"，全国各地掀起了筑城高潮，汉平寿县城与汉代相当一批带城墙的城市一起新建（或重建）于这一时期（前200—前190年前后）可能性最大。

[①] 李嘎：《山东半岛城市历史地理研究》，博士学位论文，复旦大学历史地理学，2008年，第261页。

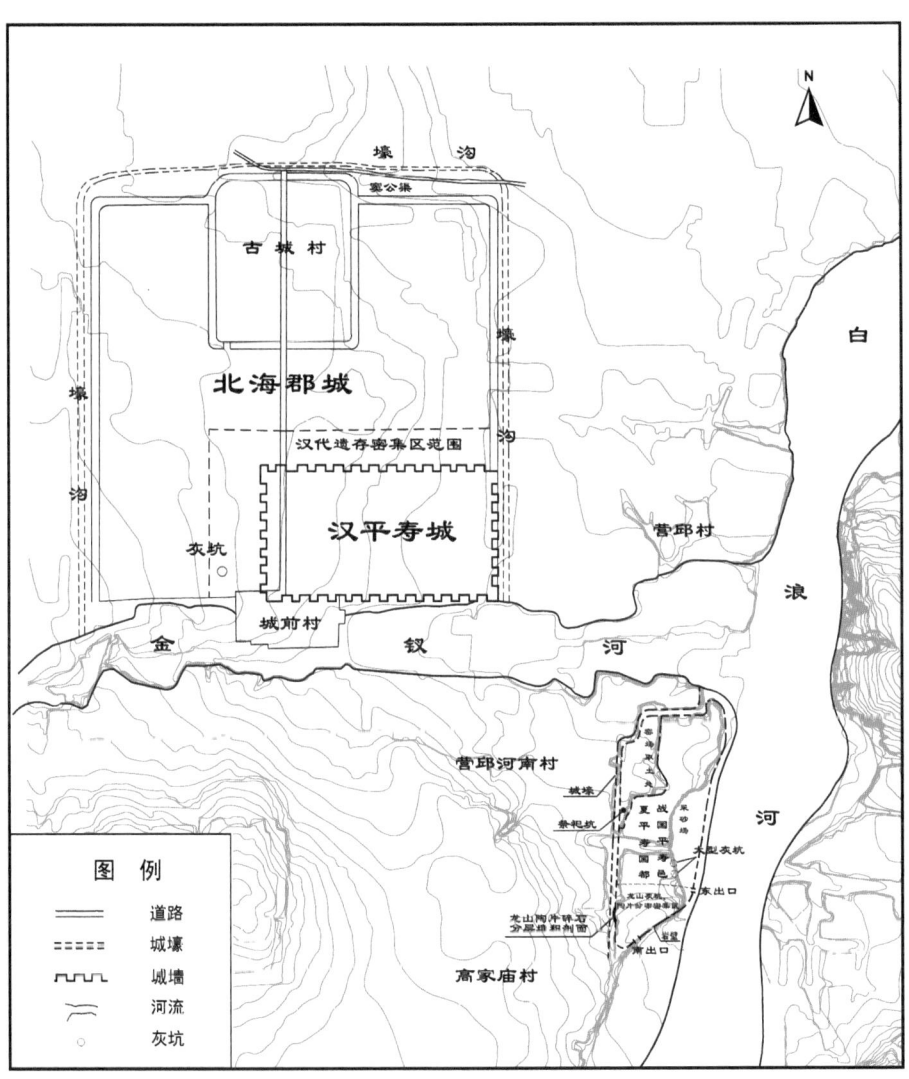

图 5-3 汉平寿县城与高家庙遗址相对位置示意图

汉平寿县城形制

昌乐古城遗址东南部汉代遗存集中分布范围：东侧和南侧分别以外城东城墙和南城墙为界，东西长约900米，南北宽约600米，总面积约54万平方米[①]。考虑到废弃古城遗存堆积范围往往大于城郭本身，因此，汉平寿县城东西长650—700米，南北宽约450—550米，城郭周长2000—2400米。形态为约700米×500米的长方形。这种长方形城郭在古代潍坊地区较为常见，如平寿县城以东约20公里的汉昌安县城（位于今安丘李家古城村，今遗址尚存）为500米×300米的长方形，临朐朱虚故城为500米×400米的长方形。周长山先生《汉代城市研究》认为"一般来说，普通县城的城郭周长为1000—3000米，郡治所在的县城规模要大一些，为3000—5000米"[②]。汉平寿县城规模符合周长山先生所统计的一般县城的规模，属于县级治所规模偏大的城市。自战国时期平寿邑就是齐国重要的军事武库所在地，到了汉代平寿城仍然具有重要地位。东汉建武五年（29年），光武帝刘秀遣耿弇攻张步，"步以弇兵少远客，可一举而取，乃悉将众攻弇于临淄。步兵大败，还奔剧。帝自幸剧，步退保平寿"[③]。可见汉平寿城属于规模较大且城防坚固的政治和军事重镇。

周长山认为，汉代城市与先秦时期有很大不同。"先秦之时，城郭布局的突出特点是内城外郭的区分和并存，到了汉代，这种情况则发生了很大的变化。除有些沿用下来的战国都城和老城尚保持旧有的布局外，大部分城市是城郭合一了。汉代的东、西两京就只有一重城墙。经过考古调查的地方城市中的洛阳汉河南县城、北京房山汉广阳城等都只有一重城墙，没有子城。城外有壕沟围绕，城基本为方形，结构比较简单，代表着汉代一般城市的形态。"[④]因此，汉平寿县城应是一重城，只有一道城墙。汉代城市虽无内城与外郭之分，但城内应依《考工记》划分功能区。考古

---

① 肖守强：《昌乐县营陵故城遗址》，《华夏文明》2018年第11期。
② 周长山：《汉代城市研究》，人民出版社，2001年，第35—36页。
③ 范晔：《后汉书》，北京汇聚文源文化发展有限公司，2015年，第213页。
④ 周长山：《汉代城市研究》，人民出版社，2001年，第42页。

调查在古城遗址汉代遗存密集区（即汉平寿县城）西南部发现圆底状灰坑，内存陶器瓦片，说明汉平寿城西南部应为手工作坊区，即汉代通常所谓"西市"，而与之相对的东南区则很可能为"东市"。居民"闾里"多靠近两"市"，共同形成经济生活区。从朱虚故城、昌安故城遗址看，其南门均位于南城墙正中，北城门位于北城墙偏东或偏西位置。另外，古城遗址东城墙南段基底发现"条状淤泥"和"水流的痕迹"，考古报告认为"很可能遭到过洪水的侵袭"，实际上，更有可能是北海郡城扩建时城墙加厚部分占压了汉平寿城外围环壕的遗迹。从平寿城所处位置和地形看，便于自南部金钗河挖壕引水，绕城西、北、东三面，然后回流金钗河，因此汉平寿县城很有可能建有护城河。

北海国迁治

北海国迁治平寿城时间，史书没有明确记载。《潍县志稿》载："（曹）魏初或云邑为郡治，其后郡改为国"，而刘伟国先生认为："建安初年，魏武帝分琅琊、齐郡置东莞郡，迁北海国治平寿"[①]。

东汉末年，黄巾起义使腐朽的东汉王朝处于风雨飘摇之中，从此群雄逐鹿，中原震荡。当时青州既是黄巾军活动的主要地区，又是各派政治势力争夺的目标，地方豪强武装也趁机介入，使这一地区呈现出错综复杂的地缘政治关系。而北海国因其"郡连山海"的地理位置，在这场动乱中处于十分关键的地位。河北的割据势力，无论冀州的袁绍，还是幽州的公孙瓒都企图夺取青州。割据兖州的曹操为防止河北势力南下，也需要占领青州。初平元年（190年），焦和为青州刺史。此人崇尚清谈，缺乏军事才干，致使黄巾军在青州逐渐坐大，"州遂萧条，悉为丘墟"。初平三年（192年），焦和忧劳而死，袁绍乘机派臧洪为青州刺史。与此同时，与袁绍争夺河北的幽州刺史公孙瓒，也任命田楷为青州刺史。袁绍在曹操支持下，于兴平年间

---

① 刘伟国：《山东潍坊地区区域城镇体系发展研究》，硕士论文，陕西师范大学，2006 年，第 31 页。

（194—195年）将公孙瓒的势力赶出青州。

除了袁绍、公孙瓒势力外，青州之地还有东汉政府所任命的北海相孔融。《后汉书·孔融传》说："时黄巾寇数州，而北海最为（黄巾）贼冲，（董）卓乃讽三府同举（孔）融为北海相。"据《三国志·崔琰传》注引《续汉书》，孔融在北海相任上凡六年，直到建安元年（196年）东汉政府征他为将作大匠（掌管宫室修建之官）时止。因此，他初任北海相当在初平元年（190年）。这六年，正是袁绍、公孙瓒争夺青州之时。所谓"最为贼冲"，北海国当然也不断遭到黄巾军的攻击。《后汉书·孔融传》载："初平二年（191年），（黄巾）张饶等群辈二十万众从冀州还，（孔）融逆击，为张饶所败，乃收散兵保朱虚县。稍复，纠集吏民为黄巾所误者男女四万余人，更置城邑，立学校，表显儒术，举荐贤良。……（四年）黄巾复来侵寇，融乃出屯都昌，为管亥所围。融逼急，乃遣东莱太史慈求救于平原相刘备。……（刘备）遣兵三千救之，贼乃散走。"①孔融在都昌被刘备救出后便逃往徐州，初平五年（194年）又返回青州，"自任青州刺史"，但不久即受袁谭攻击，不得不"身奔东山"，连家室也成为袁谭的俘虏。可见，孔融任北海相的六年，大部分时间并没有在北海国治剧县。剧县应在初平二年（191年）即被黄巾军占领，随后又落入袁谭之手。

当公孙瓒青州势力被袁绍消灭后，曹操和袁绍之间的盟友关系却开始破裂。建安元年（196年），曹操迎奉汉献帝定都许昌，"挟天子以令诸侯"。此后便准备与袁绍决战官渡。官渡之战，青州是第二战场。为了取得青州战场主动权，曹操拉拢利用了当地豪强武装力量，这就是"青徐臧霸集团"。臧霸为泰山人，年轻时"以勇壮闻名"，黄巾起义时，臧霸等随徐州刺史陶谦镇压起义军，此后与孙观、吴敦、尹礼等聚众于开阳，随即从萧建手里夺取琅琊国治莒县，琅琊国由此成为臧霸集团割据的根据地②。东汉时期琅琊国包括今莒县、临沂、日照以及今诸城、安丘南部一带，东滨黄海，西连沂蒙山区，地处青、徐两州交界地带，是一个相对独立的地理单元，

①范晔：《后汉书》，北京汇聚文源文化发展有限公司，2015年，第1075页。
②陈寿：《三国志·魏书》，上海古籍出版社，2017年，第715页。

既可据山自守，又可浮海入岛，进可驰骋于青、徐二州。正是这一有利的自然地理环境，加上东汉末年特殊的战乱时代，臧霸集团迅速发展壮大，不仅占据了徐州的琅琊、东海等郡（国），还实际控制了青州北海国南部的高密、昌安、淳于、营陵、平寿、朱虚等数县。

建安三年（198年），曹操灭吕布、占徐州，根据形势需要调整实际控制的青、徐、兖三州政区。据《三国志·魏书·臧霸传》载："建安三年，（曹）操乃分琅琊、东海为利城、昌虑郡"，又"分琅琊、北海十三县置城阳郡（治诸城）"，"使（臧）霸招吴敦、尹礼、孙观、观兄康等，皆诣太祖。太祖以（臧）霸为琅琊相，（吴）敦利城（今临沭东南）、（尹）礼东莞、（孙）观北海、（孙）康城阳太守，割青、徐二州委之于霸"[1]。《资治通鉴》卷六二载："曹操分琅琊、东海为城阳、利城、昌虑郡"，胡三省注说："城阳，西汉王国，光武省并入琅琊，利城、昌虑二县皆属东海，此盖因屯帅所居，而分为郡也"[2]。"因屯（兵）帅所居"的看法很有见地。当时，曹操正处于官渡决战前夕，青州是第二战场。曹操作出这种任命，承认臧霸等人既得利益，既可以避免他们被迫投向袁绍，又可利用他们在青州牵制袁绍势力。

琅琊、利城、城阳、东莞诸郡（国）属徐州，而唯独北海国属青州。北海国虽与琅琊等郡（国）不属于同一政区，但在政区调整前紧密相邻，属同一自然地理区，是臧霸集团割据的势力范围。臧霸集团中的二号人物孙观之所以被任命为北海相，说明当时袁绍尽管驱走了孔融，占领北海国（剧县），但是孙观仍在北海国境内拥有强大武装力量，并占据与徐州琅琊国接壤的高密、平昌、安丘、营陵、平寿、朱虚等北海国南部数县。实际上，当时北海国东部还有另一股割据力量，那就是以"海贼"管承为首的黄巾军，长期雄踞胶东山区和滨海地带与官府对抗。孔融被袁谭驱走后，北海郡境内实际上存在着三股割据势力：袁谭占据剧县、都昌等西北数县，管承占据胶东、即墨等东北数县，臧霸等占据北海国南部区域。三股势力对峙

---

① 陈寿：《三国志·魏书》，上海古籍出版社，2017年，第716页。
② 司马光：《资治通鉴》卷六二。

长达十几年之久（见图5-4）。

臧霸、袁谭和管承三股势力在北海国对峙中，臧霸集团以所占平寿、高密（今高密市井沟镇城后刘家庄南）两县为战略据点，分别与西北的袁谭和东北的管承抗衡。当时袁谭军事实力最强大，平寿城自然而然地具有了战略要津的位置：第一，平寿城处在臧霸集团割据范围前沿，与袁谭所占据的青州（治临淄）、剧县等相距最近。更重要的是，由临淄经过剧县、平寿、安丘、平昌通往莒县的东南大道为当时主要道路，平寿城与臧霸集团的根据地琅琊国（治莒县）联系密切。第二，平寿城所处地形环境于军事上十分有利。平寿城与袁谭所占据的临淄、剧县之间有昌乐东南山区相隔，其间只有方山与谢家山、大山之间的东南大道相通，可谓退可守，进可攻。第三，平寿城跟城阳郡（治诸城）、东莞郡（治今沂水东南城子岭）形成掎角之势，可以相互援手。《三国志·魏书·臧霸传》载："（孙）观与（臧霸）俱战伐，（孙）观常为先登（城），征定青徐群贼，功次于（臧）霸"[1]。孙观勇猛善战，地位仅次于臧霸，这正是委孙观任北海相的原因。同时，又任命孙观兄孙康任城阳（治诸城）太守，更是利用其同胞关系，关键时刻相互救援，同进共退。

建安四年至五年（199—200年），官渡决战的关键时刻，臧霸等人以平寿城为根据地，"数以精兵入青州"，使袁绍两面受敌，曹操得以"专事（袁）绍，不以东方为念"。官渡决战之后，曹操以"东州扰攘，（臧）霸等执意征暴，清定海岱，功莫大焉"，封臧霸为都亭侯，其余诸将封列侯。建安十年（205年），曹操破袁谭于南皮，基本消灭了袁绍势力；建安十一年（206年）八月，又亲征"海贼"管承至淳于（今安丘黄旗堡），彻底结束了三股势力对峙北海国的局面。

北海国从剧县迁治平寿城的时间，一直未见明确记载，后世学者根据各自推考，或曰建安初年，或曰曹魏初年，前后相差二十余年。从初平二年（191年）孔融被黄巾军击败，北海国治剧县即被黄巾军占领，旋又落入袁谭之手，剧县成为有名无实的国治。平寿县城很可能在兴平年间（194—195年）已被臧霸集团孙观占据，

---

[1] 陈寿：《三国志·魏书》，上海古籍出版社，2017年，第717页。

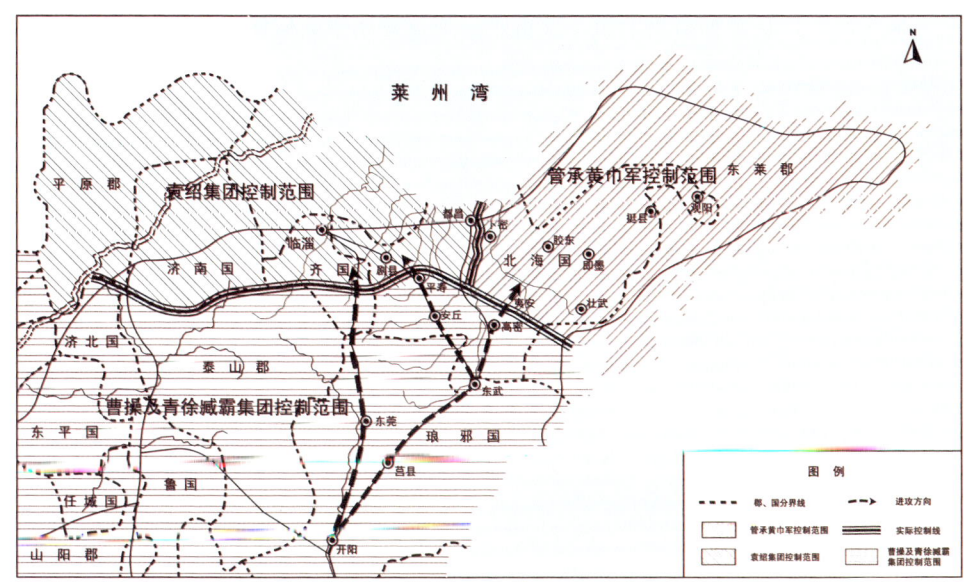

※ 图5-4 东汉末年青徐地区军阀割据形势示意图

到建安三年（198年）孙观不仅被曹操正式任命为北海相，而且还以平寿县城为据点控制着北海国南部数县，从某种意义上说，此时平寿县治已经成为实际上的北海国治，而且建安十一年（206年）曹操彻底平定青州之后，北海国治也未回迁剧县。如果非要确定一个北海国（郡）迁治平寿城的具体时间，那么，建安三年（198年）应该是一个比较合理的时间。

　　建安十一年，曹操取消了8个汉室宗王封国，北海国由此改为北海郡。建安二十五年（220年），曹操病死，曹丕迫汉献帝禅让，建立曹魏。太和六年（232年）曹丕徙封其子阳平王曹蕤为北海王，复建北海国，青龙元年（233年）又废北海国为北海郡。由于多次析置，此时北海郡已由东汉初期的18县减少到8县，所辖范围大大缩小。

　　总之，大约在公元198年前后平寿城由县级治所升格为国治所，成为国、县同治城市。此时青州除了临淄为州级治所外，有郡（国）级治所城市6个，北海国治平寿城为其一。从某种意义上说，这也是潍坊这座历史名城第一次成为国家行政体系中的二级城市。这种格局整整持续了魏晋南北朝长达300多年时间，直到隋末降为北海县。

PART 06

第六章 魏晋南北朝时期的北海郡城

史学家称魏晋南北朝为"大分裂时期"。自东汉末年黄巾之乱到隋朝统一中国，割据势力纷纷登场，黄河中下游地区成为群雄逐鹿主战场。长达400年的时间里，青州地区相继经历了前燕、前秦、北魏、北齐等十多个政权统治。政权更迭，战争频仍，汉代以来积世形成的北海士族大量南迁，河北士族趁虚而入，加之北方少数民族融入，多元文化的碰撞和交融到达了前所未有的广度和深度。地方行政方面，汉末黄巾之乱导致州牧长官权任提升，州由两汉时期的监察区转为郡之上实际行政区，原来郡县二级制成为州郡县三级制。公元198年前后，执掌东汉朝廷的曹操以平寿为北海国治，并在汉平寿县城基础上扩建为国（与郡相当）治城市，平寿城由原来县级治所上升为国级治所，直到北齐时废止。公元311年，青州刺史治地由临淄迁青州广固城，由此东南大道（临莒道）和东北大道（临福道）逐渐弱化，由青州径直往东经过今潍坊市驻地的道路逐渐兴盛起来。魏太延五年（439年），北魏统一黄河以北；东晋义熙六年（410年），权臣刘裕破广固城，灭南燕，于公元420年建立刘宋，山东地区长达半个世纪的宋、魏南北对峙局面形成。皇兴三年（469年），北魏统一北方，奄有山东之地。太和十年（486年）北魏重新划定州郡，山东地区辖青、兖、光、南青、齐、济六州及徐、冀部分郡县。据《魏书·地形志》，青州辖齐郡（临淄）、北海郡（平寿）、乐安郡（千乘）、渤海郡（东光）、高阳郡（高阳）、河间郡（武垣）、乐陵郡（乐陵）等7郡37县。其中，北海郡辖下密、剧、都昌、平寿、胶东5县。魏晋南北朝时期，潍坊几乎一直以郡级治所城市存在，以汉平寿县城为基础扩建的城池，无论规模还是形制都与汉平寿县城有很大差别，为便于区分，我们把魏晋南北朝时期的平寿城称之为北海郡城。北齐天保七年（566年），潍坊地区政治中心——北海郡城由白浪河上游今昌乐古城村一带转移到白浪河下游毗邻新的青齐大道（今潍坊市驻地附近），改名高阳郡。

北海郡城

建安三年（198年），曹操任命臧霸集团孙观为青州北海国相，以平寿县城为根据地控制着北海国南部数县。平寿城虽然在军事上有着十分有利的地形条件，但当时北海国境内东有"海贼"管承，西有袁谭，处境艰难。面对这种形势，修筑一座规模较大而坚固的城池，既用于军事防御，又作为北海国治，就成为孙观等臧霸集团十分迫切而现实的选择。

汉平寿县城在白浪河西岸约1000米左右，南紧邻金钗河，东西长约700米，南北宽约500米（见图5-3）。自西北（临淄）而来的东南大道（临莒道）穿平寿城向东南去往安丘（今安丘西南10里）、诸城和莒县一带。显然，要想建设一座大规模城池，东侧沿河空间过于狭小。为了既能拥有充足空间，又能利用自西北去往东南方向的大道以及金钗河水源，只能在汉平寿县城基础上向西、向北扩展，然后根据预定规模确定城市边界、规划城内布局和城门位置。这座新规划建设的城市就是今天我们仍然能看到的位于白浪河上游昌乐古城村附近的"平寿故城"。由于扩建后的平寿城较之汉代平寿县城，无论规模还是形制都有着根本差别，我们称其为"北海郡城"（见图6-1）。

从现存几段古城墙和考古调查、勘探可知，扩建后的北海郡城，大致呈正方形，分内、外两城：外城，南北长1500米，东西宽1480米，总面积约225万平方米，呈正南北向，东、南、西、北各有一座城门（魏成敏先生认为可能有5到6个城门）。内城，位于外城中轴线北部，大致呈长方形，南北长约625米、东西宽约420米，总

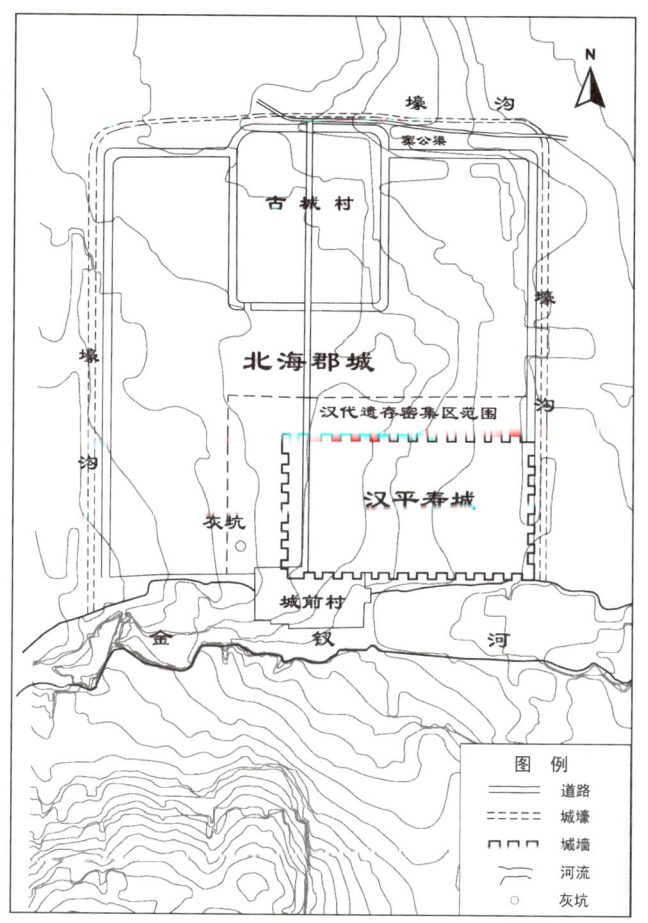

面积约29.5万平方米。内城北墙向北凸出外城墙约60米，内城城门共4座，分别是北门、东门、南门和西南门，其中南、北两门位于南北中轴线上。内城北门设计最复杂，有三道门洞，每道中间约3米厚墙体，门洞宽也3米左右；城墙外沿向外探出部分长8米，加上城墙墙基33米宽度，门道进深约41米（见图6-2）。此外，外城周围距离城墙20米左右，挖有30—35米、深4—5米的护城壕，河水从大城西南角金钗河引入，沿西、北、东三面环绕大城后，又回流金钗河。

北海郡内城、外城墙基平均宽约30米，高约7米。城墙采用穿棍夹板法夯筑，

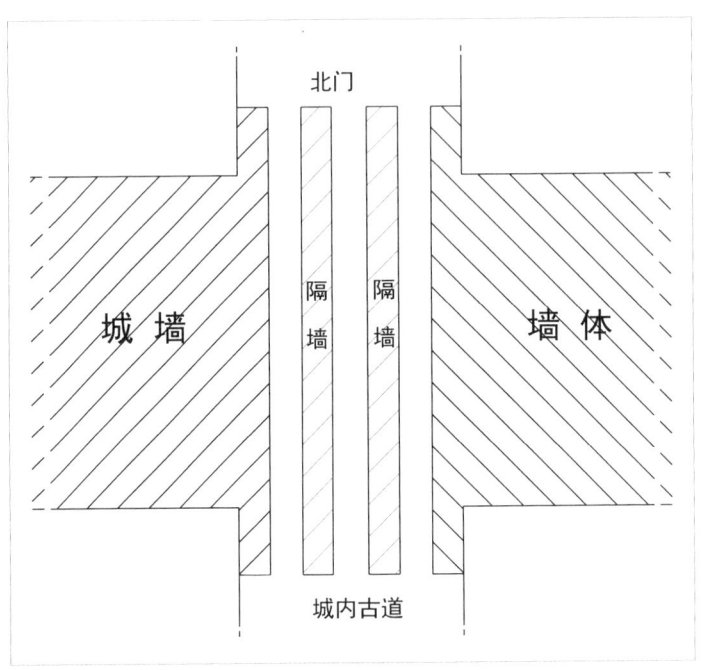

图 6-2 北海郡城北门示意图

夯层厚约0.3米，木骨结构呈水平横向多层排列，每层上下间隔1.2米，木骨左右间距0.2—0.6米，木骨直径8—20厘米（古城遗址图片1）。据粗略估算至少需要树径8—20厘米树木40多万棵。工程如此浩大，从北海郡城建设时间推断，可能以臧霸集团青州兵为主要建设劳力。土方当然是"挖壕筑城"，大量木骨最大可能伐自白浪河上游山区，顺白浪河及其支流而下。

北海郡城这种重城结构形制，在汉代极为少见。据周长山先生研究，汉代城市除部分沿用的战国都城和老城尚保有原布局外，大部分城市结构都较简单，没有内外城之说。北海郡城这种内、外重城结构，李孝聪先生解释说，主要是"魏晋南北朝长期战乱，城市防御亟待加强"的结果。郭湖生先生认为："子城（内城）罗城（外城）之设，昉（兴盛）于南北朝，已确凿无疑，或可追溯于魏晋"①。实际上，汉

---

① 郭湖生：《子城制度——中国城市史专题研究之一》，（京都）《东方学报》1985年第五十七册。

✕ 古城遗址图片1　　　　　　　　　　　　　　　✕ 古城遗址图片2

末天下大乱之时，很多城市为了防御已建成重城结构①，其中以曹魏都城——邺城最具代表性。邺城建于建安十五年（210年），在我国城建史上占有重要地位。邺城不仅结构严谨、中轴对称，而且设内外两城。结合当时北海郡地缘政治背景，我们认为，北海郡城建设时间最有可能在建安三年（198年）至建安十一年（206年）。建安三年（198年）北海国移治平寿县城，又是臧霸集团与袁绍和黄巾军对峙青州的关键时刻，而建安十一年（206年）曹操已经统一北方，大规模建城的必要性不大了。另外，北海郡城规模远远超出汉代一般郡治城市，说明它并不是在社会秩序相对稳定情况下建设的，而是在汉末天下大乱后所建。乱世已无纲纪可言，传统营城理念和固有等级体系被打破。无论是重城结构，还是内城向外凸出一定距离，都便于防御，而城墙夯筑时采用大量木骨，也无非是坚固城墙。概言之，北海郡城从形制布局到营建技术，无不体现出战乱时期修筑城池的特质。

---

① 朱大渭：《魏晋南北朝时期的套城》，《齐鲁学刊》1987年第4期。

青州广固城

魏晋时期迎来百余年的社会稳定。好景不长，公元291年西晋王朝发生"八王之乱"。永嘉五年（311年），汉赵刘聪率匈奴军破洛阳，大肆烧杀抢掠，俘晋怀帝，杀王公士民十万余，这就是著名的"永嘉之乱"。从此西晋王朝退居东南一隅，并最终为东晋所代，成为南朝的发端；北方则由此进入战乱不休的"五胡十六国"时代。百余年间，青州地区先后为前赵、后赵、前燕、前秦、后燕、南燕、北魏等占据，其间偏安江南的东晋和南朝刘宋也数次夺占青州，经济社会遭受空前破坏，大量士族、流民逃亡到长江中下游一带，山东地区社会经济再次跌入谷底。

刘聪破洛阳的同时，其部将曹嶷率军东征，打败西晋青州刺史苟晞，占据临淄，自为青州刺史。曹嶷以"临淄城大，地平难守"，在今青州市西、尧山东侧修筑"四周绝涧，阻水深隍"的广固城，并移青州刺史、齐郡、临淄县"三治"于此。从此，青州地区中心城市由齐都临淄转移到了其东南约30公里的广固城。广固城依山傍水，扼制要冲，西靠绵亘的崇山峻岭，北控广袤的千里沃野，东瞰山水相连的潍水沧海，南制通向淮沂的交通要津，政治上更便于施政行令，经济上更便于交流开发。地方统治者将更多的眼光转向东方，促进了潍水北海间经济发展和文化繁荣。青州文化圈在承继齐国文化传统的同时，又融合了汉代的北海文化，使青齐文化呈现出更加丰厚、更高层次的新风貌。

青齐大道南移

青州刺史治地向东南迁移，直接导致了自古存在的泰沂山地北麓青齐大道南移。原经临淄的东西大道从邹平长山镇即转向东南，经张店、辛店、淄河店等，到达广固城，然后径直向东，经今潍坊市驻地，过白浪河、潍河渡口，再折而东北，沿胶东丘陵北缘到达掖县、福山等滨海地带。从此，临淄这座繁华了千余年的历史古城被弃置在青齐大道之外。

南移之后的青齐大道潍坊以西段大致是今老潍昌路（青州—尧沟—昌乐—朱刘店—西小圩河铺），潍坊以东段走向大致与今烟潍路一致。改线后的青齐大道在南北朝时期已成通衢。据《北齐书》："（高）季式豪率好酒，又恃举家勋功，不拘检节。与光州刺史李元忠生平游款，在济州（治东平陵）夜饮，忆元忠，开城门，令左右乘驿持一壶酒往光州（治掖县）劝元忠"[1]，由济州去光州走的正是这条改线后的东西大道。实际上，自晋末以来，这条东西大道历经南北朝、隋唐宋元至明清，一直是中原地区经青州通往山东半岛最重要的驿道，位于弥河、潍河之间的白浪河渡口也成为青齐大道重要节点。这个渡口不在别处，正在今潍坊中心城区东风桥附近。这一点从《大元潍州重修石桥记》[2]所记元代以前白浪河古渡口四次修筑石桥的过程可以得到明证。青齐大道南移和白浪河古渡口的形成不仅成为北齐天保七年（556年）北海郡城由白浪河上游迁移到"西下密"（今潍城区西关街道自怡园附近）的重要原因，而且直接影响了隋大业初北海县城的选址，以及宋代潍州城格局演变。如果说东汉末年平寿城从县治升为郡治是一种政治地位的提高，那么这条关系整个山东半岛政治、经济命脉的青齐大道南移，给潍坊带来的则是城市位置的转移和区位优势的跃升，由此注入的澎湃活力，正是潍坊这座历史名城历经千年而不衰，并源源不断发展壮大的根本原因。

随着青齐大道南移，青齐地区中心城市（交通枢纽）由临淄而青州，深刻改变了胶东半岛交通体系与城镇布局。首先，青齐大道由原来临淄、寿光（老城）、固堤、昌邑到掖县，南移至广固、剧县（今昌乐西）、潍坊市驻地，径直向东抵达潍水西岸西于渠渡口（今寒亭西于渠村），东渡潍水后转向东北，经下密县治（今昌邑市东30里姜家庄）去往掖县。其次，原由昌邑转向东南去往胶东（今平度）、即墨（今平度古砚镇朱毛村）的大道则直接由潍坊径直向东渡过潍水渡口去往平度，并在潍河西岸与南北向潍水大道交汇，这个交汇点就在今寒亭吉家村附近，也就是后来

①《北齐书》卷二十一《高乾传》附弟季式传，北京大吕文化传播有限公司，2022年，第259页。
②《大元潍州重修石桥记》碑今存于潍城区博物馆内。

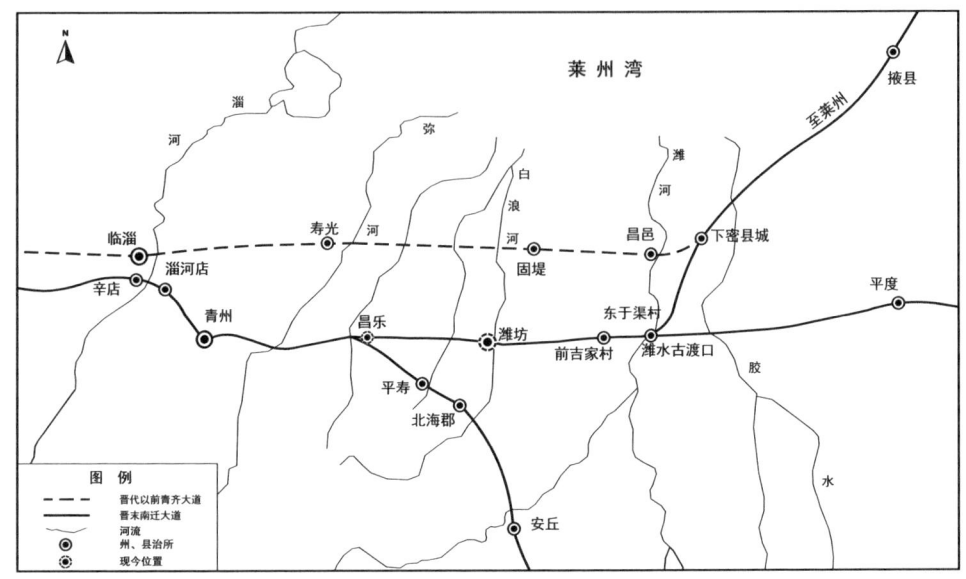

胶东（后改潍水、再改下密）县治所在，由此弱化了昌邑县治交通枢纽地位，并在随后刘宋时期被移治到今昌乐东北都城集附近。随着北齐初期高密城（今高密井沟镇刘家村南）毁于战火，原来沟通南北的潍水古道完全消失，昌邑由此失去了交通枢纽地位，而代之者正是隋唐时期北海县城，即今潍坊市驻地。最后，随着东汉末年平寿城地位提高，原东南交通线由临淄、剧县、营陵，经安丘（今安丘市西南10里），改由方山、谢家山之间直接向东南经过符烟山南麓，入北海郡城，再出北海郡城东门或南门向东南经安丘去往沂、莒。这条道路应早已存在，北海郡移治剧县后，平寿作为其属县，必然联系频繁。

青齐豪族

北海士族"永嘉南渡"，一些北方士族豪强在少数民族政权裹挟下，纷纷南迁青州。特别是南燕慕容德建都广固城时，"率户四万"，渤海封氏、清河崔氏、平原刘氏、清河张氏、清河房氏、渤海高氏、清河傅氏等大批河北士族随迁，并享有优越的政治地位和经济特权。这些士族凭借宗族和乡里关系控制着随迁百姓，利用南燕政权给予的"迁荫"免役权利吸引当地破产农户成为他们的荫户，即所谓"门附""门生"。以河北大族为主体，加上少数从南方回迁的当地士族，发展成为一股特殊的地方势力，史称"青齐豪族"。

人口因战乱迁徙，土地流转频繁。这些青齐豪族利用自身经济优势、政治影响，通过自由买卖或者强买强卖迅速集中了大片土地。为免受战争和乱兵洗劫，他们开始建立高墙堡垒式庄园，形成魏晋南北朝时期占据重要地位的"庄园经济"。曾有人形容"豪人之室，连栋数百，膏田满野，奴婢千群，徒附万计"。

刘裕灭南燕，慕容氏残余势力被消灭，但是这些豪强的利益和地位却未被撼动。刘宋政权统治青齐55年间，青州刺史虽多由朝廷委派外地人充任，但是郡太守以及军府、州、郡掾属却照例在这些士族中选拔。"父子兄弟，累郡连州"，不仅垄断地方经济，把持社会事务，操纵地方政务，而且各自以宗族、部曲建立起来的私人武装也逐渐演变为当地州郡镇戌军，成为青齐地区地方割据势力。

与北海郡关系最为密切的青齐豪族当为刘氏。今青州博物馆珍藏着一块《刘怀民墓志铭》碑："宋故建威将军、齐北海二郡太守、笠乡侯、东阳城土刘府君墓志铭。君讳怀民，青州平原郡平原县都乡□迁里，春秋五十三……"[1]刘氏先祖刘昶曾为官后燕，随南燕国主慕容德南徙青州，家于北海郡都昌县（今昌乐东北，一说昌邑西），后移居东阳城。刘裕灭南燕后，刘怀民任齐、北海两郡太守。当时青州一带屡经战乱，人口锐减，整个北海郡不足4000户、35000人，而当时州郡县建制繁多，许多郡县实行寄治。《益都县图志》考证："盖其时侨置都昌，其大族多寄居（青）州治，故（郡）守（县）令亦从而寄治耳"[2]，北海郡、都昌县均寄治青州东阳城。

《南齐书·刘善明传》："泰始初（465年），徐州刺史薛安都反，青州刺史沈文

---

① 《刘怀民墓志铭》碑今藏于青州市博物馆内。

② 张承燮、李祖年：《益都县图志》点校本，中国文史出版社，2006年。

秀（呼）应之（薛安都）。时州治东阳城，（刘）善明家在（城）郭内，不能自拔……（刘）善明从（堂）伯（刘）怀恭为北海太守，据郡相应（朝廷）。（刘）善明密契收集门宗部曲，得三千人，夜斩关奔北海。族弟（刘）乘民又聚众渤海以应朝廷。而（刘）弥之（刘善明伯父）寻为薛安都所杀，（宋）明帝（刘彧）赠（刘弥之）辅国将军、青州刺史。以（刘）乘民为宁朔将军、冀州刺史，（刘）善明为宁朔长史，北海太守，除尚书金部郎。"[1]可见，整个刘宋时期刘氏家族世代任北海太守，坚固的北海郡城成为刘氏家族在政治和军事斗争中的根据地。刘氏家族在北海郡和都昌县（今昌乐县东北）拥土地数万亩。《南齐书·刘善明传》记载："元嘉末，青州饥荒，人相食。善明家有积粟，躬食鬻粥，开仓以救乡里，多获全济，百姓呼其家田为'续命田'。"[2]这些"续命田"大部分集中在北海郡城周边，史书记刘氏家族名人，有时说河北"平原人"，有时说"北海都昌"人。此时北海郡城已兼具刘氏家族大庄园性质，除统治者外，城中居住者大部为刘氏家族部曲、门附等。《昌乐县志》载："(营丘）有城垣三重，类今燕都制度，原有外城广袤二十余里。"[3]这里所谓"城垣三重"，意指北海郡城除有内、外城垣外，还有一重"外城"，实际上这重"广袤二十余里"的"外城"非实有城墙，只是建有东、南、西、北4个牌坊作为标志刘氏庄园所拥有土地的大致范围而已。

平寿县移治

东晋义熙六年（410年），权臣刘裕破广固城，愤其籍险难攻，"夷其城隍"，南

---

① 萧子显：《南齐书》，北京汇聚文源文化发展有限公司，2015年，第313页。
② 萧子显：《南齐书·列传第九·刘善明传》，北京汇聚文源文化发展有限公司，2015年，第312页。
③ 据《昌乐县志》载：(营丘）东门，即现马宋镇古城村东十五里，今坊子区范家庄东北隅里许，原有东门石碑为记；西门在古城村西五里，北申明亭村西南"女娲庙"处，原庙碑记有："古城西关西门外，女娲娘娘庙"字样；南门在古城村南十二里，高家辛牟村东南隅"府君庙"前，现存南门石碑右上一角为记；北门在古城北六里，潍城区张、陈官庄村附近。

燕国灭。刘裕命长史羊穆之在今青州南阳河北另筑东阳城[①]，为新的青州刺史治所。刘裕灭南燕，据今山东、河南、淮北等大部分地方，权力日益巩固。元熙二年（420年）遂代晋称帝，定都建康，史称刘宋，成为南朝第一个政权。此前，拓跋珪建立的北魏已破后燕，尽有今山西、河北之地；隆安二年（398年），迁都平城（今山西大同市），大有争雄中原之势。

黄河下游青、齐二州处于南北政权交界地带，是南北争夺的主战场，百姓大批死亡或流徙。青齐地区很多郡、县可谓朝南而夕北，地方行政混乱不堪。为招揽北朝民口以充兵役以及安置外来移民，刘宋政权在青、齐二州设置大量侨置政区，郡县乱置现象严重。刘宋政权一度寄北海郡治于青州东阳城。刘宋又将青、冀二州州治由东阳移往历城。不久又迁青州州治回东阳城。

宋、魏对峙时期，双方战伐不断，最后一次大战始于公元465年，东阳城经过两年多的围攻，直到北魏皇兴三年（469年）正月，慕容白曜才攻破青州东阳城，山东之地为北魏奄有，从此归于北朝治下，南北对峙分界线由黄河沿岸推至淮河沿岸。刘宋政权在淮河入海口郁洲（今连云港市云台山附近）设青州侨置州，辖齐、北海、西海三个侨置郡[②]，收拢和安置山东南下流民。同年，北魏把寄治东阳城的北海郡还治于"平寿故城"（今昌乐古城村）。同时，迁平寿县城到浮烟山以西、大圩河东岸平寿村一带，此即"魏平寿县城"[③]；将原位于胶河以东的胶东县（原治今平度）迁至今寒亭区前吉家村附近，即后来的潍水县和"东下密县"城。

北魏政权在青齐地区实行郡县制，但在其统治初期，同时设立了许多军镇。军镇制度是北魏早期治理地方的重要制度之一，目的是巩固南北边境或者在新占领地区震慑新民。青齐作为新附地区，又处在与南朝交界地带，成为北魏设置军镇的重

---

① 《补齐记》记载："刘裕既夷广固城，齐人郭大夫相水土，劝羊穆之筑东阳城为青州。后人为郭大夫立庙于云门山前"。
② 胡阿祥：《宋书州郡志汇释》，安徽教育出版社，2006年，第140-141页。
③ 魏收：《魏书·地形志》第2456页。

要地区①。魏平寿县城东临浮烟山，西据金关山（今称黑山），两山山谷之间又有大圩河作为屏障和水源，自古以来就是临淄或青州通往沂莒大道上的战略要塞，是潍坊城区周边难得的易守难攻之地。东汉初期，张步与耿弇临淄之败，"退守平寿"。刘宋时，刘怀民"夜斩关奔北海（郡）"，都要经过这里，并以此作为战略屏障。北魏皇兴三年（469年）正月，慕容白曜攻破青州东阳城之前，北魏已奄有东阳城之外的青州广大土地，很可能已在此关隘设立军镇配合围攻东阳城军事行动。青齐平定后，随即改为平寿县治，直到北齐天保七年（556年）废止，历时87年。

南北朝时期虽然政权更迭、战争频仍，但是民族大融合，特别是北魏孝文帝汉化改革，为后来经济文化高度发展奠定了基础。南北朝时期潍坊地区不仅涌现出《齐民要术》等巨著，而且佛教兴盛，与之相应的佛教造像艺术也达到顶峰。潍坊地区寺庙数量、建筑规模以及当时盛况，较之周边地区均胜之而无不及，如青州的龙兴寺、云门山、驼山摩崖石刻等都是这一时期的杰作。

北齐政区改革

公元550年，权臣高欢次子高洋代东魏为北齐，所面临的首要问题是地方行政系统的紊乱。刘宋时期设置的大量侨置政区经北魏几十年，绝大部分延续至北齐。地方豪强大量隐匿户口、逃避课税，"百室合户""千丁共籍"现象普遍。文宣帝天保七年（556年）发布政区改革诏书，"朕傍观旧史，遂听前言，周曰成康，汉称文景，编户之多，古今为最。而丁口减于畴日，守令倍于昔辰，非所以驭俗调风，示民轨物……要荒之所，旧多浮伪，百室之邑，便立州名，三户之民，空张郡目"，"并省三州、一百五十三郡、五百八十九县、二镇二十六戍"②，一场大刀阔斧的政区改革拉开序幕。

据李嘎先生统计，青州地区郡、县治所城市数量由改革之前（东魏武定四年，

---

① 梁伟基：《北魏军镇制度探析》，《魏晋南北朝专题》，2022年，第54–55页。
② 李百药：《北齐书》卷四《文宣帝纪》，中华书局，1972年，第63页。

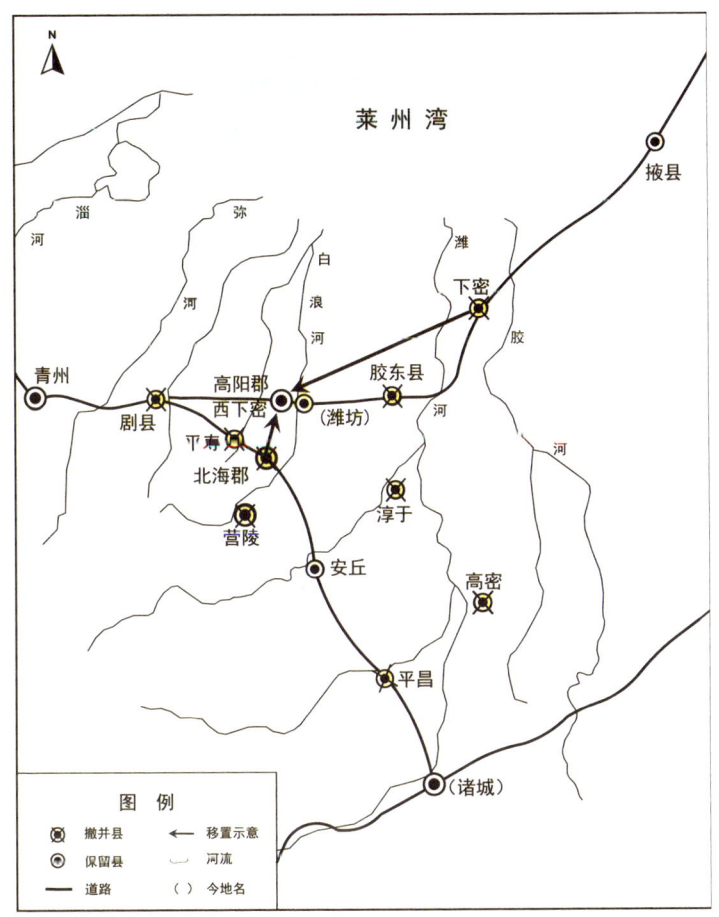

✕ 图 6-4 北齐郡县治所省废、移置示意图

即 546 年）的 107 座，减少到 31 座，裁撤率达 71%^①。大批撤并郡、县的同时，北齐还迁移了部分郡、县治所位置，极大地改变了两汉以来建立和延续下来的城镇空间布局（见图 6-4）。就今潍坊周边而言：其一，裁撤剧县、平寿县、营邱县、淳于县、平昌县（今诸城石桥于都吉台村）和胶东县（今寒亭吉家村附近）等，减少了周边县治级城市数量。其二，北海郡治从白浪河上游昌乐古城村迁移到下游近代潍县城

---

① 李嘎：《山东半岛城市历史地理》，博士学位论文，2008 年，第 112 页。

"西二里"（今潍城西关自怡园附近），并改名为高阳郡。同时，将原位于潍河东岸的下密县移治于此，作为高阳郡治。据王仲荦《北周地理志》卷七三八："刘宋尝侨置高阳郡于青州，后以乐安为实土，北齐遂改北海郡为高阳郡也。"[1]从此，潍坊地区政治中心由白浪河上游转移到白浪河下游，成为潍坊城市发展史上一个重要里程碑。

高阳郡与下密县移治

公元556年政区改革时，北齐政权将北海郡治从白浪河上游迁移至今潍坊市驻地附近，改名高阳郡，并将下密县迁移至此作为高阳郡治。这一新的城址就在近代潍县城"西二里"的位置，俗称"西下密"。西下密（高阳郡）城虽然存续时间很短，却是潍坊城市发展史上的标志性事件（见图6-4）。

作为早期潍坊地区中心城市——北海郡城由白浪河上游迁至近代潍县城"西二里"的西下密城，除了政区省并的需要，最重要的原因是区域交通的变迁。随着泰沂山地北麓青齐大道南移和胶东半岛东北部日益繁荣，新的青齐大道成为山东半岛与中原地区联系的主要通道，北海郡城主要交通联系转而向北，必然发展起一条联络青齐大道的连接线。该连接线本可沿白浪河西岸，因山地影响，改经北海郡城北部牛头埠、今潍坊市区南部擂鼓山之西翼向北至青齐大道，其交叉点正好位于无名小河（应是卧龙河上游）西岸、今潍城区西关街道自怡园附近。该交叉点很可能原本就是重要聚落，又因交通格局变迁成为区域交通枢纽，人气集聚、日益繁盛，成为北齐改北海郡为高阳时郡治、移置的下密县治的首选之址。下密县由原来潍河东岸（今昌邑市东30里姜家庄）迁移于此，除了因北齐政权加强封建统治以及政经往来需要，同时也是基于政区改革时平衡郡县治城市区域空间布局的考量。隋大业二年（606年），西下密城又东迁"二里半"至近代潍县城位置，并更名为北海县。至此，潍坊城址得以稳定于现址至今。

---

[1] 王仲荦：《北周地理志》卷七三八，中华书局，1990年，第203页。

有学者把汉平寿县（北海郡）城、西下密（高阳郡）城和北海县（潍州）城看作三个城市。王瑞甫先生就认为潍坊城市起源于隋唐之交，以北海县城为潍坊建城之始。其实，从城市演化和发展角度，汉平寿县城、西下密县城和北海县城应看作同一城市。侯仁之先生论述："有些古老城市在长期的发展过程中，不仅城址屡有变化，就是城市的地理位置也每多迁移，如周初的丰京和镐京以及相继而起的秦都咸阳、汉都长安，虽然名称各不相同，但是其主要功能先后相承，只有发展，没有改变，因此这应该看作是一个城市，只是它的地理位置屡有迁移而已。"① 还有一些城市，虽然地理位置迁移，但是城市名称则始终不变，如从汉到唐的长安城，名称依旧，而城市位置已屡次迁徙，只是相去不远，也可以看作是城址变化的一例。宿白先生《青州城考略》把汉代广县城、南燕国都广固城以及后来的东阳城和南阳城均看作青州城前身，视为同一城市②。汉平寿县（北海郡）城、西下密县（高阳郡）城以及后来的北海县（潍州）城虽然名称不同，个体相对独立，但它们空间距离相近，时间序列前后相继，具有非常明显的历史渊源和承继关系，可以视作同一城市。汉平寿县城与北海郡（国）城，同址同源，本是一座城；北海郡（国）城与高阳郡城、潍州城，在管辖范围和行政职能上大致重叠，地处同一地理单元，具有相近腹地，前后承续关系明显，位置变迁仅15公里且处在同一河流上下游之间，符合历史上同一城市普遍由同一流域上游向下游迁徙以谋求更大腹地之规律，理应视作同一城市。设若视汉平寿县（北海郡）城、西下密县（高阳郡）城以及后来的北海县（潍州）城为3座不同的城，那么潍坊城市起源为北海县城，仅1400年的历史；若认识到隋唐北海县（潍州）城与西下密县（高阳郡）城、汉平寿县（北海郡）城不可分割的承续关系，看作同一城市，那么潍坊城市的兴起则在汉平寿县城（今昌乐县古城村），拥有2200多年的丰厚历史。

---

① 侯仁之：《城市历史地理的研究与城市规划》，《地理学报》1979 年第 1 期。
② 宿白：《青州城考略》，《文物》1999 年第 8 期。

第三部分

白浪河下游以潍县城为中心的阶段

（隋唐至明清民国时期）

"城市都是交通线上打的结"（许倬云语）。交通区位越升以及人才、商品和资本等要素因之集聚，是潍坊这座城市发展的核心动力之一。

PART 07

第七章 隋唐时期的北海县城

　　隋朝终结了魏晋南北朝以来的乱局，重新实现了国家统一，并且在科举等方面的制度创新影响深远。唐朝是我国历史上难得的盛世，不仅社会稳定、经济发展、文化繁荣，而且对外交流广泛，呈现出开放包容的民族自信。随着隋唐政权打通日、朝海上通道，登州、莱州等港口迅速繁荣起来，青齐大道更加活跃。原来由昌邑沿潍水南通琅琊郡治的大道，这时已改由北海县，经安丘南达密州（诸城），潍坊区位优势凸显。隋唐一改魏晋南北朝时州、郡、县三级制为州（郡）、县两级制。潍坊周边除保留青州、密州、莱州外，于隋开皇十六年（596年）置潍州，州治设（西）下密县。隋大业二年（606年），天下州县省并，裁潍州，（西）下密县治东迁"二里半"至近代潍县城，更名为北海县。大业三年（607年），隋炀帝改州为郡，合青州、原潍州为北海郡，治东阳城。唐武德二年（619年）又改郡县制为州县制，重设潍州。武德八年（625年）潍州再被撤，北海县归属青州。自大业二年（606年）裁撤潍州始，北海县一直属青州（北海郡），隋唐时期基本以县级治所城市存在，可称之为潍坊市的北海县城时期。

潍州置废

　　隋朝为理顺国家行政体制，开启了"罢郡存州"到"改州为郡"的过程。此间，潍坊历史上出现了两个响亮的名字——"潍州"和"北海县"。

北齐曾大刀阔斧改革政区，北周也有局部调整，不过隋初政区设置仍不合理。《隋书·杨尚希传》："(杨)尚希时见天下州郡过多，上表曰：'窃见当今郡县，倍多于古，或地无百里，数县并置，或户不满千，两郡分领，县僚以众，资费日多，吏卒人倍，租调岁减。清干良才，百分无一，动辄数万，如何可觅？所谓民少官多，十羊九牧（州牧，喻地方官）……今存要去闲，并小为大，国家则不亏粟帛，选举则得贤才，敢陈管见，狁听裁处。'帝览而嘉之，于是遂罢天下诸郡。"[①]可见，隋初政区空间布局不合理，政区设置与户数不匹配，官民比过高。除行政与组织因素外，隋文帝政区改革还隐藏着深层的政治考量：借政区调整削弱南北朝以来郡姓豪强军事动员能力，瓦解其地域政治资源。隋开皇三年（583年），文帝采纳杨尚希"罢郡存州"建议，废除郡级行政机构，魏晋以来州郡县三级制重新恢复为州（郡）县二级。不过，就组织规模和职权范围论，此时的州已经与过去的郡相差无几了。唐《通典·州郡典》注："隋氏以官繁人弊，遂废五百余郡，以州治人，名则因循，职事同于郡守，无复刺举之任。"[②]高阳郡废除，下密县直属青州，潍坊又一次由郡（州）级城市降为县级。

随着战乱结束，一系列改革举措施行，隋文帝开皇时期人口迅速增长，特别是开皇三年以后国家掌控地力能力大增，依附于郡姓豪族、逃避公赋的"隐户"被逐步清理出来，编户数量激增，急需增置新县。开皇三年到十六年（583—596年），仅青州即复置、新置10县之多[③]。大量县级政区增加，州县统辖关系失衡，大州与小州差异悬殊。青州作为大州，统县数量已达16县。开皇十六年（596年）析州，在原高阳郡治（西）下密县置新州——潍州，州县同治，将原青州东部7县划归潍州，潍坊又一次由县级政区升格为州（郡）级。潍州这个名字首次出现在潍坊历史上。

潍州新置，从某种意义上实则是在（西）下密县位置对高阳郡的恢复。这一坂

① 魏征：《隋书》卷四十六《杨尚希传》，中华书局，1973年，第1253页。
② 杜祐：《通典》卷171《州郡典》，中华书局，1976年。
③ 王德权：《隋代县级政权的调整—初步的考察》，《国立中大学学报》（人文分册）1998年第八卷第一期。

象不为潍坊独有，隋开皇后期政区调整反使州的空间结构逐步趋向隋初罢郡前的状况。所谓"罢郡存州"，实际上反倒成了"罢州存郡"。隋炀帝即位后，于大业二年（606年）又"改州为郡"，大举省并天下州县，潍州被裁撤，改青州为北海郡，郡治仍设益都。同时，废开皇六年后新置7县，使青州由16县缩减为9县（详见附表5）。大业二年（606年）潍州废置后，（西）下密县改名为北海县。"北海"以县级城市的名字又一次出现在潍坊历史上，直到明洪武九年（1377年）改名潍县为止，成为潍坊历史上使用时间最长的名字。由此可见，潍坊这座城市与白浪河上游魏晋南北朝北海郡（汉平寿县）城渊源深厚，不容割裂。潍坊更名北海县的同时，向东移置"二里半"至白浪河近岸潍县城位置，潍坊从此跨入现址阶段。

从（西）下密县城到北海县城

自北齐天保七年（556年）下密县从潍河东岸移治到近代潍县城"西二里半"（西下密），即今潍城区西关自怡园附近，到大业二年（606年）潍州废置，（西）下密县再迁至白浪河近岸今潍坊市驻地，并改名北海县，期间50年。（西）下密县和北海县两城之间仅隔"二里半"，但看似空间微小的变化却是个浩大工程，需要重新修筑城池。那么，为什么迁（西）下密城至白浪河近岸呢？据《寰宇记》："隋开皇十六年于（西下密）县置潍州，大业二年，因贼陷俱废"[1]。似乎潍州废置和（西）下密城迁址是因起义军攻陷而废弃，但大业二年隋王朝正是兴盛之时，也是隋炀帝"改州为郡"和大量废县之际，这种说法似乎并不准确。据相关史料，西下密（潍州）城"因贼陷俱废"当在大业八年（613年）或九年（614年）[2]。《隋书》卷三十六："大业末，有贼杨厚拥徒作乱，来攻北海县，（松）赟从郡兵讨之。赟轻骑觇贼，为厚所

---

① 乐史：《太平寰宇记》卷十八，中华书局，2007年，第361页。

② 《太平寰宇记》所记"大业二年，潍州'因贼陷俱废'"可能有误。根据《昌乐县志》等，潍坊周边县治城市，如隋营丘县城、都昌县城等都在大业八年被王薄、杨厚等农民起义军焚毁，西下密城也当毁于大业八年或九年。

获，厚令赟谓城中云：'郡兵已破，宜早归降。'赟伪许之。既至城下，大呼曰：'我是松赟，为官军觇贼，邂逅被执，非力屈也。今官军大来，并已至矣，贼徒寡弱，旦暮擒剪，不足为忧'……言未卒，贼已斩断其腰，城中望之，莫不流涕扼腕，锐气益倍。北海卒（终于）完（整）"[1]。这是大业九年（614年）杨厚率领起义军攻打北海县城的情形。此时北海县已有完整且坚固的城池，以致杨厚率领三千多起义军竟铩羽而归。由此推断，大业二年（606年）（西）下密县改名北海县时即已移址近代潍县城位置，并开始修筑城池，而西下密（潍州）城当在大业八年或九年前后才毁于起义军战火。

既然不是"因贼陷俱废"而迁址，那么最大的可能是城址本身的原因。北齐天保七年（556年），北海郡城和下密县城迁址"西卜密"，主要受青齐大道的吸附，而西下密位置正是北海郡城通往青齐大道联接线与青齐大道交汇之处（见图7-1），这里原本即是一聚落。此聚落之所以选在远离白浪河约3公里的地方，是因来自白浪河上游丘陵地带的洪水奔涌而下，经市区南部王家埠子（马少野村北）和擂鼓山两高埠间狭窄处，忽然进入相对低缓的平原地带，河水迅速漫散开来，极易造成泛滥。原始先民们选择适当远离河水的地方做定居点，是长期实践的结果。同时，作为城址还有一个必备条件，就是要有充足水源。据潍坊市勘察测绘研究院2012年地质普查资料[2]，今潍城区永安路附近历史上曾有一条自南而北流的小河，发源于擂鼓山西北麓，流经西下密城和近代潍县城之间，其下游很可能是今潍城区北部卧龙河。元代张起岩"潍州八景"诗《玉清烟晓》："琳宇清幽近水涯，凌云烟霭杂朝霞。殿坛金碧相辉映，一段丹青景最佳"。"近水涯"说明玉清宫西侧紧靠此河，而不是相距近2公里的白浪河，500多年前这条小河还是存在的。明代中叶（1512年）刘信修筑潍县城护城河时，"于城西十里许引小于河水注壕"，这条自南而北淌的小河被东西向引

---

① 魏征：《隋书》卷三十六《松赟传》，中华书局，1973年

② 潍坊市勘察测绘研究院：《潍坊中心城区地质水文普查报告》，2011年。据勘探，在今潍城区永安路附近有一南北向河流，并且在永安路与福寿街交叉口以东，前姚家坊村东南一带，新填埋土层厚度达6-7米，面积约0.5平方公里，推测原为一较大的湾塘。

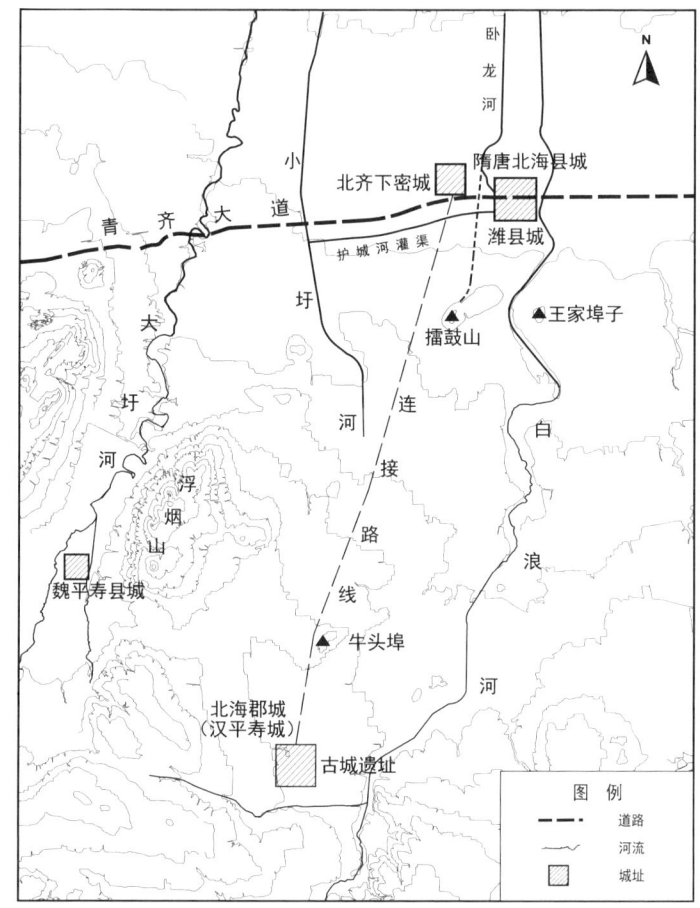

✕ 图 7-1 西下密与北海县选址示意图

水渠拦腰截断，上游来水一并注入护城河，小河中段逐渐干涸、填平，而下游则继续为护城河环流而出的水使用，至今城区以北部分河床依然清晰可见。此址既远离白浪河洪泛灾害，又凭此小河解决了水源问题。作为原聚落水源地绰绰有余，初始移置的西下密城也能满足，但是凭籍毗邻青齐大道区位优势以及潍州设置，在恢复州郡级行政职能的同时，工商职能亦日益凸显，城区人口日增，用水量日多，"人、水"矛盾逐渐成为城市发展的约限，这很可能成为西下密城东迁"二里半"（改县名为北海）的重要因素。

大业二年（606年），隋炀帝调整政区，除了废除潍州建置外，另一个重要举措是西下密城迁址。当时西下密城周边影响新城选址的主要因素是南侧青齐大道和东侧小河（见图7-1）。假如向北选址，不仅地势更加低洼，而且偏离青齐大道，最不合理；假如向西，虽然不偏离东西大道，但距离白浪河更远，水源受限，也算不上合理；假如向南，则紧邻擂鼓山之阴，不仅空间局促，水源匮乏，而且城之北门邻近大道，势必成为城市主出入口，与传统营城理念相悖。因此，沿东西大道北侧，向东跨过小河约"二里半"，建在白浪河西岸平缓高亢丘埠上（即潍县城"大十字口"）是最合理的选择，不仅毗邻青齐大道，交通便利、布局舒展、水源充足，而且能有效利用白浪河作天然防御屏障。正如侯仁之先生论述临淄城选址时所看重的（淄河）一样，这也是西下密城迁址的重要因素，或许是更为重要的因素。同时，城址选在缓丘偏北位置，不仅巧妙地利用丘埠抵御来自东南方向正冲的洪水，而且使城区内部向周边排涝方便。无论宏观区位，还是微观地理环境，隋北海县城的选址都是成功的。

北海县交通枢纽地位初步确立

隋朝创举虽多，但国祚不长（37年）。隋炀帝大兴土木，三次征伐高丽，繁重的徭役、兵役激发了隋末农民大起义，最终于公元618年被唐王朝取代。唐初，高祖李渊出于安抚地方武装以巩固政权的考虑，大量复州置县，对归唐者赐予州、县长官职任。武德二年（619年）重新恢复州建制（即"改郡为州"），潍州再次复置，治北海县城，同时设置大量临时性县级政区。据《旧唐书·地理志》，武德初潍州设17县，数量远超隋开皇时期[1]。随着地方秩序渐趋稳定，权置政区旋被省废。武德八年（625年），潍州再被裁撤，北海县属青州管辖。

从唐朝立国到唐中叶，是山东经济社会发展黄金期，不仅经济、文学艺术方面

---

[1] 乐史：《太平寰宇记》卷十八，中华书局，2007年，第361页。

有长足发展，而且对外交流广泛密切。杜甫"齐纨鲁缟车班班，男耕女织不相失"正是这一时期的写照。唐朝统治者以山东半岛为跳板，打通面向朝鲜、日本以及渤海诸国海上通道，极大地促进了北部沿岸登州、莱州等港口贸易；南部沿岸则依托密州口岸，南达江淮，密、楚两州通过海道往来频繁。此时，由于北海县城地处山东半岛地理中心，南、北两路海道与中原地区陆路联系均经汇北海县城，再西达青州。唐代青州既是山东地区政治经济中心，又是平卢节度使治所，为山东区域中心城市，此时北海县城俨然成为青州东部门户。

晋末青齐大道南移无疑是北海郡城由白浪河上游迁移到下游的重要诱因，而北海县（郡）城的移置又极大地牵引改变了潍坊周边交通态势。北海县移置到今潍坊市驻地后，原由青州经剧县、平寿、北海郡、安丘等通往密州（诸城）的东南大道，随着北齐时剧县、平寿、营陵等县撤并以及北海郡城北移，至唐代时几乎完全消失，转而由青州径直向东，经北海县城转向东南去往密州（诸城）。此即今潍坊至诸城的潍徐路。随着通往密州（诸城）大道形成，原安丘县治（今牟山附近）也于乾元二年（759年）被弃置，徙治于新交通线旁今安丘（当时称"辅唐县"）现址。东北向，晋末以后青齐大道原由青州向东，经剧县、胶东（今寒亭前吉家村附近）直达潍水渡口（今寒亭西于渠村）后折向东北通向莱州（掖县）的道路，因北齐废置胶东县，也改由北海县城直接转向东北，经今寒亭、昌邑（宋乾德三年复置）去往莱州（掖县），这条道路正是今206国道。由此，北海县（今潍坊市驻地）成为联系山东半岛南、北沿海重要港口的新交通枢纽（见图7-2）。

上述变迁，可通过严耕望《唐代交通图考》得到证实。《图考》篇五十八："青州东行有两道，一道向微北至登（州）莱（州），一道东南至沂（州）密（州）。东通登莱道：青州东行三十里至韭味店，又三十余里至寿光县界半城村，又三十余里至孤山村，又约二十五里至北海县（今潍县）……县东盖东北四十五里至王耨村，又二十里至芙蓉驿，相近有昌国故城，周十二里，地面多古代遗物。又东傍胶水行四十五里渡河，又三十五里至三埠村，又四十里至潘村，又约二十里至件台馆，地

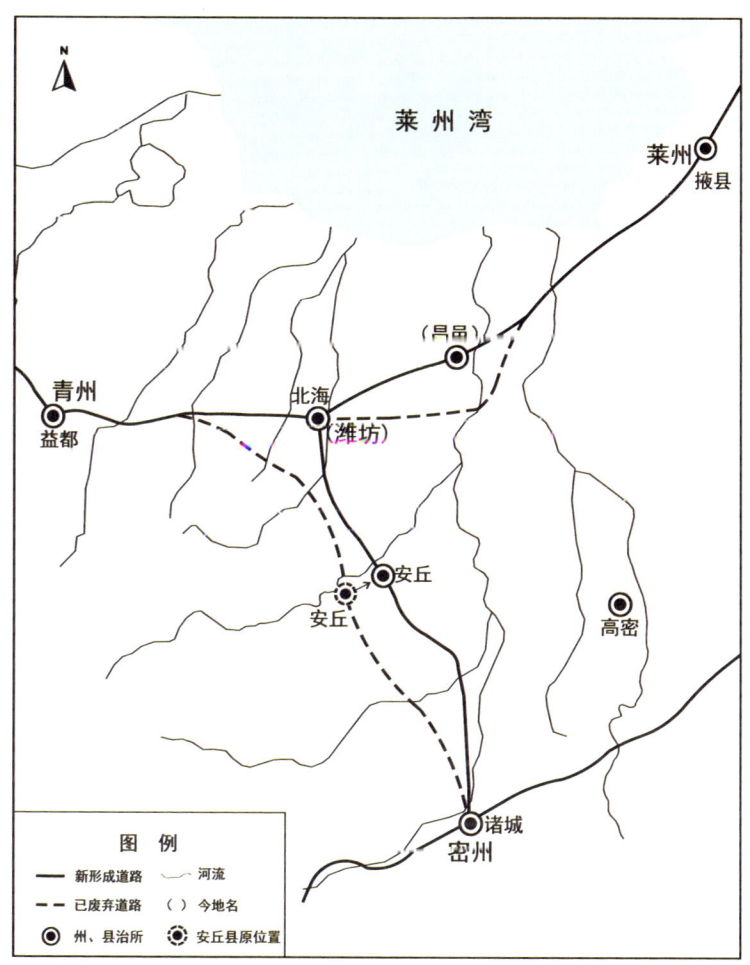

× 图 7-2 唐代潍坊地区道路交通变迁示意

近海浦。又十五里至莱州治所掖县，去青州三百四十五里。"此大致为今206国道。
《图考》又记："青州东南至密州三百三十里。其道由青州东行一百三十里至北海县
（今潍县），折东南七十三里至辅唐县（今安丘），地在汶水（今东汶河）南岸……城
南境有洇水故堰，溉田数万顷，固一富庶地也。又东南一百二十里至密州治所诸城
县。"《元和志》《寰宇记》皆云青州、密州相距三百三十里。《元和志》又云北海西至
青州一百三十里，安丘东南至密州一百二十里；《寰宇记》十八潍州（即北海县）南

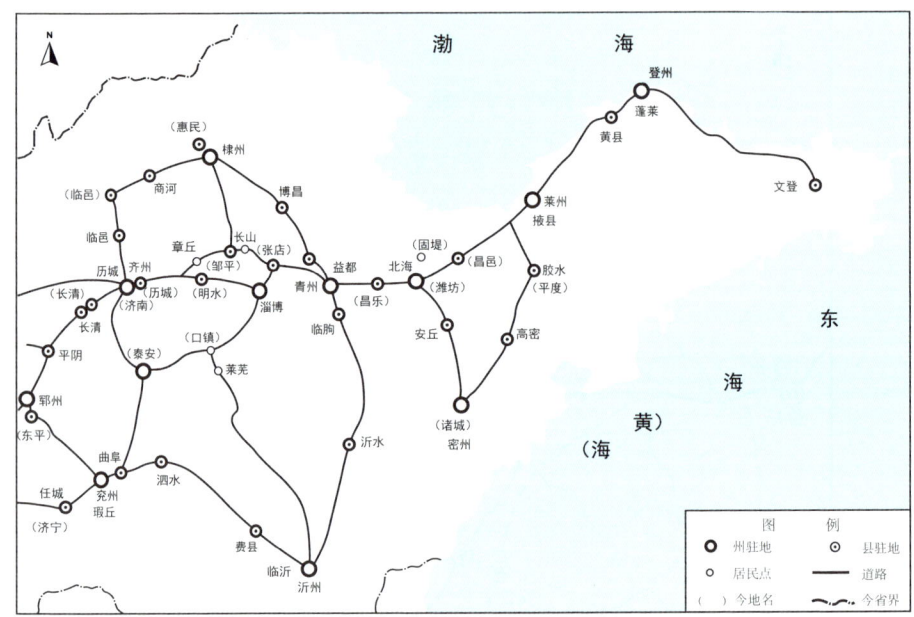

× 图 7-3 隋唐时期山东主要道路示意图

说明：此图根据《山东公路史》第一册"古代道路"绘制

至密州辅唐县七十三里。其和三百二十七里，里程恰合，是行此路无疑，则今道即古道也"[1]。由此可知，唐代由北海县城向东北通往登莱、向南通往密州（诸城）的大道均已形成，潍坊交通枢纽地位初步确立。北宋时随着胶州板桥港的兴起，潍州交通枢纽地位得到进一步强化。

北海县城规模与形制

隋唐时期实行"坊市制"。城市内部划分成若干相对独立的"里坊"和"市坊"，实行封闭式管理。"里坊"是城民分区居住基本单元，而"市坊"则是日常交易场所。每坊均有坊墙围隔，各设坊门，依时启闭，"畦分棋布，闾巷皆中绳墨。坊

---

[1] 严耕望：《唐代交通图考》，中信出版社，2018年，第2007-2008页。

有墉，墉有门，逋亡奸伪无所容足。朝廷官寺，居民市区，不复相参"①，使罪犯无处藏身，官司机构、居民宅第和市场不相混淆。坊市制首现于隋京大兴城和东都洛阳，后为唐长安、洛阳所承，以"唐律令"形式推至地方州、县。受方正"里坊"和"市坊"形态限制，平原地区城市形态多被约限为规整的正方形或长方形。

作为中央控制地方能力的体现，唐王朝采用"坊市制"使城市形态趋向整齐划一的同时，还以城市行政等级规定城市规模。也就是说，唐代城市"坊"的数量与行政等级相应。北京大学宿白教授认为："唐代建城有一定的等级制度，这种制度反映在一般的地方城市上很有规律，据现有资料，知有3个等级：16个坊、4个坊和1个坊的面积。州县一级的地方城市的内部布局，也有一个固定的模式：在基本作方形的城的每面正中开城门，内设十字街，把城分为4大区，每个大区的坊数根据州府的大小而不同，如大州每大区四个坊，中等州每大区1个坊。县城是最小的城，面积约等于1个坊。"②李孝聪先生据新增考古资料，对隋唐城市规模作进一步的研究："唐代同一等级的地方城市之间，规模差异并不明显，按州、县两级划分，州城周长一般在7到10里之间，县城周长一般在3到6里之间。"③两位学者表达隋唐城市规模，一种用"坊数"，另一种用"城周"。当时唐长安城设109坊，可见规模之宏。

当时北海县城的规模和形态是怎样呢？日本圆仁《入唐求法巡礼行记》有这样一段记载："十九日……斋后，行三十五里，到北海县观法寺宿。佛殿僧房破落，佛像露坐，寺中十二来僧尽在俗家，寺中有典座僧一人。县中米一斗六十文，又小豆一斗三十五文。县城东西二里，南北一里，是先代潍州，今北海县。"④这是唐开成四年（839年）圆仁和尚从威海石岛赤山法华院，经登州往五台山求法，路经北海县城

① 李孝聪：《中国城市的地理空间》，北京大学出版社，2015年，第78页。
② 宿白：《隋唐城址类型初探》，《纪念北京大学考古专业之十周年论文集（1952-1982）》，文物出版社，1990年，第281页。
③ 李孝聪：《中国城市的地理空间》，北京大学出版社，2015年，第86页。
④ 日本圆仁：《入唐求法巡礼行记》，广西师范大学出版社，2007年，第78页。

时所记。其时正值安史之乱后，圆仁日记中的大唐已无昔日繁华，"佛殿僧房破落"，物价高企，一片萧条衰落之象。从中可见隋唐北海县城"东西二里，南北一里"，面积约0.58平方千米（唐代1里约等于540米），形态应为规整长方形。北海县城"东西二里，南北一里"，正是两"坊"，相当于一般县城的2倍；从周长论，城周6里，也属于县治城市规模较大者。即便如此，北海县城约0.58平方千米的规模，也不及明清时期"城周九里三十步"潍县城（约1.4平方公里，不包括东关及其他关厢面积）的一半，说明隋唐时北海城规模和形态与后来潍县城还是差别很大的。

北海县城与潍县城空间演化关系

自隋大业二年（606年）北海县城创建直至民国时期，老潍县县城的位置没有大的改动。隋北海县城大致位于当时青齐大道（即今东风街）以北、白浪河西岸。《乾隆潍县志》仅见两栋唐代建筑记载。一栋，"观法寺，在县治东北。汉明帝十年建，景泰二年（1452年）僧宗保重修，今废"[1]，位置在县衙东北侧，明景泰二年曾重修，说明观法寺直到明代仍然存在。另一栋，"文庙，始建于唐贞观年间，宋末毁于大火。元宪宗时，权潍州事顾禔与潍阳节度使李珵奉诏重建，至元十五年扩建"[2]。此即后来潍县城东门里大街北、县衙前街东之文庙（今东风西街那颗老槐树即在其前院内），经历代扩建，明清时已成潍县最大规模建筑群之一，存续至解放后。两栋唐代建筑，均位于潍县城东门里大街（即今东风西街）以北区域。据邓华先生言，今东风西街以南、向阳路东侧一带（即后来的"大十字口"东南部），20世纪70年代发现大量隋唐墓葬，说明隋唐时期东风西街以南区域不在城内。"东西二里，南北一里"，正好是老潍县城北部城墙围合区域，只是东北和西北两城角由直角变成了圆角，这应是数百年来城墙屡圮屡修、不断演化的结果。可以推定，今潍城区东风西

---

① （清）张耀璧：《乾隆潍县志》卷之二，"坛庙"，第46页。
② （清）张耀璧：《乾隆潍县志》卷之二，"坛庙"，第48页。

街以北、老潍县城北半部分即隋唐北海县城址。

明清时期潍县城是由隋唐北海县城演化而来。隋唐时州、县治城市按坊市制规划，城市布局最普遍的3个特点，是"十"字大街（特别强调南北轴线）、"T"型衙前广场以及子城（也叫"牙城"），几乎成为隋唐州县治所城市"营造法式"，是模仿都城形制而来。隋唐都城有"宫城""皇城"和"外廓城"三重城，地方州县治则普遍存在"子城"和"罗城"重城结构。都城以宫城正南门向南引出城市中轴线，与宫前横街构成"T"型广场，以体现帝王之居"建中立极、皇权至上"理念。地方城市则普遍存在以官署为重心的城市轴线和衙前"T"字型广场，达致儒家以秩序、

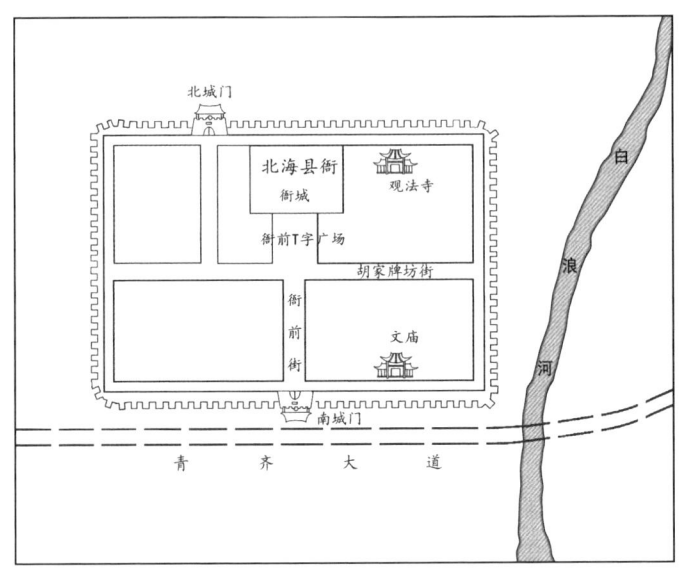

图 7-5 隋唐北海县城空间结构示意图

等级为核心的城市文明和空间结构的巅峰，并外溢至日本天平盛世时期（724—781年）新都平城京及地方治所城市建设。

　　潍县城北半部分，隋唐北海县城，存有明显南北向中轴线，即县衙前街，正好把县城分为东西两部分（坊），体现儒家执中、致礼原则。街北端始自历代潍县（州）衙署南门。据最早的《潍县志》（明万历版）："县治在城内正北，元至元二十七年（1290年）知州张莘重建。国朝洪武十一年（1378年）知县胡璟修。"元《齐乘》载："孔北海祠，在潍州公署后北城上。宋政和四年（1114年）太守安阳韩公（韩浩）建。又有论古堂，亦韩所构，今皆废。州府扁曰'靖恭'，'亦有政和石记存焉'[1]"，说明至少宋代时潍州公署（即潍县县衙）及其北侧城墙即在现位置。自隋大业二年北海县城创建，1300多年里未见县衙变迁记载，应一直延用隋唐时北海县衙署位置。唐代衙署严格保持与居住区的分离，并且容纳着官府、廨舍、甲杖、仓储、文书档案，甚至监狱等重要建筑，因此级别较高地方城市多以高厚城墙加以围

---

① 于钦撰、刘敦愿校释：《齐乘校释》，中华书局，2018年，第429页。

合，而级别较低的县级治所多砌筑垣墙。原潍县县衙东西两侧、大致对称的两条小巷——仓巷子和郭巷子，应为隋唐北海县城"子城"（衙署）大致的东西边界。"仓巷子"之名，正说明衙内西侧是原官府粮仓所在。

城内路网也按等级规律布局。明清《潍县志》舆图和民国时潍县城区图，清楚地显示潍县县衙正前，南北长100多米、东西宽60多米的宽阔广场，正是隋唐时延续下来的"T"字型衙前广场，是举行庆典和集会的重要场所。衙门仪门前有一条大致东西向轴线，即东侧胡家牌坊街和西侧撞钟院老巷子，大街西段（撞钟院巷）可能有所改变。明万历版《潍县志》记载"古郡北海，场前临大街"。"场"是衙署前"T"字型广场，而"大街"应指胡家牌坊街。至于北海县城东西轴线偏南，主要是受县城东西长、南北短的空间约限。衙署处在城区北部正中，占据空间较大，加之衙前还需留足"T"字型广场，若把东西大街安排在南北正中位置，显然衙前空间过于狭窄。再者，古代营城理念特别强调南北中轴线，并不苛求东西轴线。至于小街便巷，年代久远，随历代建设而变化。明万历《潍县志》："潍古郡，街衢相沿无改，巷以多歧难防盗窃，有埋塞者"。万历年间（约1573年），潍县城街巷基本沿袭前代城邑格局，只是部分岔路多的巷子因防盗被堵塞罢了。

"且中米　斗六十文，又小豆一斗三十五文"[1]，可推断唐北海县城有市场。唐朝严控城市商贸，只许人口过3千户的州县治所城市设市肆。圆仁和尚于观法寺仅宿一夜，加之远途劳顿，活动范围极其受限。他自登州来，应从南门入，经衙前广场，住县衙东侧观法寺，"市"应在县衙附近。北海县城城门，能够确定的是南大门，即正门，位于县衙前街中段，今大十字口（潍坊市人民医院脑科医院）附近。北海县城东西向轴线，即胡家牌坊街东、西两端或有东西城门。至于北门则无从所考。

---

① 圆仁：《入唐求法巡礼行记》，广西师范大学出版社，2007年，第78页。

PART 08

第八章 宋金元时期的潍州城

北宋初期，宋廷为改变"方镇太重，君弱臣强"之积弊，于太平兴国二年（977年）诏令天下州治直辖中央。至道三年（997年），于州上设"路"，实行路、州、县三级制。建隆三年（962年）于北海县设北海军[①]，乾德三年（965年）升北海军为潍州，于原都昌（今昌邑驻地西）、营丘故县（明洪武年间始迁今址）新置昌邑、昌乐两县，属潍州，潍州又从县治升为州治城市。《宋史·许仲宣传》："（许）仲宣气貌雄伟，太祖悦之，擢授太子中允，受诏知北海。仲宣度其山川形势，地理广袤可以为州郡，因画图上之，遂升为潍州。"[②] "形势"一词描述出当时北海县城的区位优势。自唐代，特别是北宋初期，山东半岛南岸海上贸易日趋繁盛，半岛交通枢纽逐步由青州东移北海县城。自乾德三年（965年）潍州重设，至明洪武十年（1377年）撤州改县，潍坊作为州治城市，历宋、金、元三朝，共412年。虽然潍州与北海县同治，但与隋唐时期北海县城相比，不仅城市级别得以提高，而且城市规模和空间结构均发生重构式改变，我们称这一历史时期的潍坊市为潍州城。

---

① 北宋时的"军"，既是一个军事机关，也是一个行政建制，与"州"类似，但比州行政级别略低。

② 脱脱、阿鲁图：《宋史》卷二百七十《许仲宣传》，中华书局，1985年，第9268页。

潍州交通枢纽地位的确立

北宋时期，山东半岛社会经济取得长足发展，特别是东南沿海一带。五代十国的波澜直到北宋初期尚未完全平复，杨行密、李昇等割据势力占据着江淮之间，阻断了江南和中原地区往来。北宋朝廷不仅经济上依靠河北和山东北部沿海地区支撑，而且与闽越的联系也只能通过山东半岛转运往来，客观上促进了半岛地区经济发展。张熙唯先生认为，北宋山东地区经济在全国具有突出的地位[①]。

元祐三年（1088年），胶西县升格为县治前，为密州板桥镇。北宋初，胶东半岛东南海上贸易繁盛起来，成为北方最发达的对外贸易港。北宋初期，北方民族特别是辽国的进扰，迫使宋朝封闭胶东半岛北岸登、莱等港口，转向南岸发展密州（今诸城）港，密州板桥镇成为重要通商口岸。板桥镇位于大沽河胶州湾入海口，为海陆交汇之地，有广阔海向腹地和陆向腹地。胶州湾风平浪静，具有优越的地理环境和良港条件。元祐六年（1091年），密州知州范锷上书："板桥濒海，东则两广、福建、闽、浙，西则京东、河北三路，商贾所聚，海泊之利颛于富家大姓。宜即本州置市舶司，板桥镇置抽解务"，又奏"询访得本镇来自广南、福建、淮、浙商旅乘海船贩到香药诸杂税务，乃至京东、河北、河东等路商客搬运见钱、丝绵、缕绢往米贸易，买卖极为繁盛"[②]，遂升板桥镇为胶西县。

山东半岛经济崛起又反过来触发交通进一步发展，逐步奠定了潍州作为山东半岛交通枢纽的地位。北宋初年，江南尚未全定，京东路为朝廷财赋主要来源之一。宋仁宗年间曾官至宰相的青州人王曾记载："国初方隅未一，京师诸廪仰给，唯京西、京东数路而已，河渠转漕最为急务。京东自潍、密以西诸州郡，租赋悉输沿河诸仓，以备上供。清河起青、淄，合东阿，历齐、郓，涉梁山泺，济州入五丈河，达汴都，岁漕百余万石，所谓清河即济水也。"[③]北宋时山东地区租赋均经陆路西运

---

① 张熙唯：《论宋代山东经济的发展》，《山东大学学报》1993年第3期。
② 李焘：《资治通鉴长编》卷四百九，中华书局，1979年，第9956页。
③ 王曾：《王文正笔记》，见《文渊阁四库全书》第7—11页。

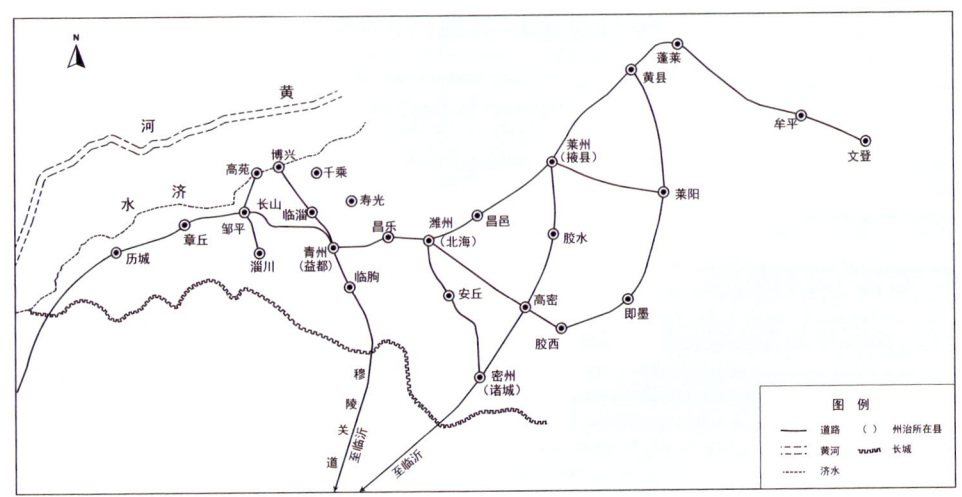

✕ 图 8-1 北宋山东半岛陆路交通线路示意图

说明：图中交通线路根据宋刻"舆地图"改绘。

济水，再转济水运京师汴梁。不仅如此，由于北宋注重外贸，与朝鲜、日本交往密切，由胶州、密州，经潍州、青州至京师汴州的道路是全国商业通衢和国际外贸通道。周邦彦《汴都赋》提到："齐鲁之麻，姜桂蒿谷，鲐鲝鳏鲍，酿盐醯豉……异域所至，殊形妙状，目不给视，无所不有，不可殚记。"山东丝麻、鱼盐制品，以及域外珍奇异物自山东运往汴州。

泰沂山脉北侧，自古即有的东西向青齐大道，至北宋时职能作用更加凸显，特别是自潍州往西经昌乐、益都、邹平一线，不仅是官府传驿通道，更为朝廷运输租赋物资和行商负贩必经之路，而潍州以东则分为三条：一条，经潍州城转向东北的登莱大道。经隋唐后，此道不仅联系东部沿海诸州县城市，而且成为沟通海东日本、高丽的国际通道。第二条，往南经安丘、景芝通密州，通常称潍密大道，由沿潍水南北大道转移而来，主要际缘为东汉琅琊郡治由胶南（今胶南琅琊镇）迁诸城。严耕望先生《唐代交通图考》提到，隋唐时"密州（今诸城）去两都（长安、洛阳）亦取青、淄而西。盖密州虽偏在东南，然其在泰山山脉东间之北，居潍水上游，潍亦渤海水系，同属海岸平原也"①。第三条，由密州板桥口岸（即胶西县城，今胶州）经高密（彼时高密县城已由潍水东岸城阴城迁现址）至潍州，通常称潍胶大道。可以说，山东半岛交通枢纽已由青州而潍州。我国制图史上十分珍贵的制成于南宋咸淳二年（1266年）的《舆地图》，清楚地标明了当时山东半岛地区主要道路交通情况（见图8-1）。至此，潍州通往东北、东南和南部三条交通干线全部形成，真正成为"四路辅辏"交通要津，潍州城作为山东半岛地区交通枢纽地位从此立了起来。

城南门集贸市场与潍州城南扩

宋代是中国封建社会的鼎盛时代。郭学信先生称其为中国的"城市革命"时期。"在北宋的经济中，非农与农业经济各占一半，因为政府来自商业税和专营的收益与农业税的收入相等，至1077年（熙宁十年）更达70%。商业税和专营税大部分来自城市，在南宋时一直超过了来自农村的收入，占国家总税收2/3以上。"②城市经济占据了主导地位，文官政治和科举制度进一步完善，又催生了以朱熹理学为代表的第三次儒学文明。经济、社会和文化的发展成果，必然反映到城市空间结构与形态演化上来。

隋唐北海县城紧邻青齐大道北侧，青齐大道过白浪河的渡口就在青龙桥（今东风桥），自晋末以来由山东半岛北部沿海通往中原的人流、物流必经汇此渡口。北宋时期，自潍州城南而来的潍密大道、东南而来的潍胶大道也都汇聚于此，经由潍州城南大门（今潍坊市人民医院脑科医院附近）通往青、淄，抵达中原，成为汇聚胶东半岛三条大道的"焦点"。1987年白浪河清淤时，于今东风桥下淤泥中发现《大元潍州重修石桥记》碑。碑文记载："潍州北趋大都，南通沂莒，东联登莱，西接青

---

① 严耕望：《唐代交通图考》，北京联合出版公司，2021年，第2014页。
② 薛凤旋：《中国城市及其文明的演变》，北京联合出版公司，2019年，第186页。

城市名称	商税额数	排名
密州城	三万六千七百二十七贯二百五十六文	1
青州城	二万三百一十六贯六百文	2
潍州城	一万三千九百七十八贯七百二十五文	3
齐州城	一万六七八百二十七贯二百五十六文	4
莱州城	六千二百四十一贯三百七十五文	5
登州城	五千五百九十贯七百八文	6

✕ 表 8-1 宋熙宁十年（1077 年）京东东路各州所交商税额数一览表

说明：此表数字来源出自《宋会要辑稿》食货一五。

社，潍为一要冲"[①]，碑文还详细记载了金、元时期几次重修白浪河桥的情景，可见历朝历代对此渡口的重视。

潍州城作为山东半岛"四路辅辖"交通枢纽而迅速繁荣起来。从北宋熙宁十年（1077 年）京东东路各州商税数额看，潍州经济总量已经跃居京东东路第三位（见表8-1），俨然成为区域经济中心城市。潍州地区人口也大幅度增长。太宗朝（976-997年）潍州户数为21593户，至元丰初年（1078年）已达49931户，崇宁初年（1102年）略减为44677户，不及百年，潍州地区人口增长2倍多（注：此数为当时北海、昌邑、昌乐三县的人口总数）[②]。

伴随着城市经济蓬勃发展，潍州城用地规模快速向外拓展，先是潍州城周边出现了大大小小的集市（亦称"草市"，以区别城内设有坊墙的市肆），特别是潍州城南门外一带（即今东风西街与向阳路交叉口，亦称"大十字口"附近），毗邻青齐大

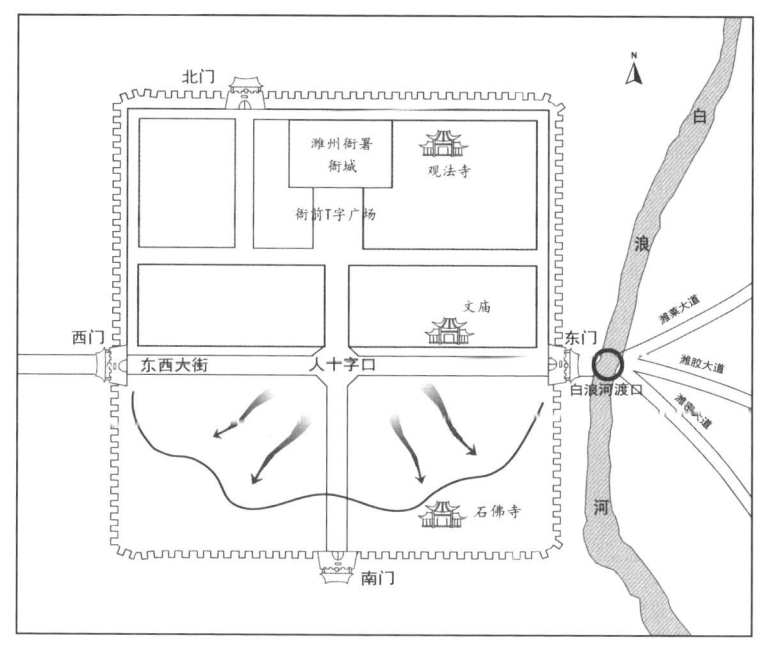

✕ 图8-2 潍州城南扩和空间格局示意图

道，商贾往来云集，迅速发展为潍州城外集市贸易区。章生道先生认为："因为城门沟通城市与腹地扇形区域间来来往往的全部交通，所以紧靠城门外的地区是为乡村居民服务的集市和商业最为有利的地方。客栈和迎合客商需要的其他服务设施设置在通往远距离商路的几座特定的城门之外。"①鲁西奇先生也认为："在北方城市的城门外，特别是交通要道所经的城门外，很可能形成市场……这些店肆虽然夹道而列，但必以城门外的通途两旁最为集中，从而形成店肆密集的附郭商业区。"②周宝宗先生论述到："这种以附郭集市为基础，推动城市外厢逐渐增加为形式的城市波浪式发展，是有宋一代城市扩展的新模式。"③那么集市区为什么没有在其他城门或是白浪河东岸，也就是后来的东关坞发展起来呢？唐代北海城东西宽、南北窄。北城门外地

---

① 章生道：《城治的形态与结构研究》，载《中华帝国晚期的城市》，中华书局，2000年，第108页。

② 鲁西奇、马剑：《城墙内的城市》，《中国社会经济史研究》2009年第2期。

③ 周宝珠：《试论草市在宋代城市经济发展中的作用》，《史学月刊》1998年第2期。

势低洼，又不在交通主线，自然无法与毗邻青齐大道的南城门相比。至于白浪河东岸一带，由于当时距离城区较远，又有白浪河的阻隔，远不及潍州城南门外一带位置方便，只是到了明清时期潍州城南部一带已经发展为城区，而白浪河渡口位置并没有改变，城区再往南发展的动力减小，这时白浪河渡口东岸桥头"三路交汇"处才成为潍坊第二个集市商贸区。

北宋商品经济大发展催生了潍坊第一个集贸中心——潍州城南门外（即后来潍县城"大十字口"）集贸市场，带动城区大规模向南拓展，使潍州城跨越青齐大道，形成了潍州城南部新区。至于当时南部城区具体规模暂无可考，但可以肯定的是，最迟至北宋中期，原北海县城南侧青齐大道已成为潍州城内中心大街。石佛寺在潍州城东西大街（青齐大道）以南约300米，占地规模30多亩，修建于北宋咸平二年（999年）。初时在城区边缘，至熙宁九年（1076年）苏轼自密州太守任上往京城述职经过潍州寄宿石佛寺时，所居已在城内而非城外[1]。至于原北海县城南城墙，久已围在城区之内，要么拆除，要么随着岁月的流逝而自然圮废。

提起宋代的商品经济，当发轫于曾经做过商人的后周世宗柴荣实行自由包容的城市商业政策。至乾德三年（965年），宋太祖诏令："诏开封府，令京城夜市至三鼓巳来，不得禁止。"唐代实行严格的"坊市制"，商贸活动禁锢在设有围墙的"市肆"内，宅垣、坊墙皆不得开门，所谓的街道实为两墙相对，了无生气；但是中唐以后，南方一些大城市如广陵（扬州）城商业活动已冲破坊门、坊墙。宋太祖"弛夜禁"，城区进一步涌现沿街商业；至北宋中期，"破墙开店"已成不可收拾之势，封闭型"坊市制"彻底崩溃，城市空间由封闭型向开放式转变，极大地促进了商品经济的繁荣以及城市职能的转变。"从此以后，城市不再只是单一的政治、军事中心，还成为经济、文化中心，城市的面貌越来越具有浓厚的经济色彩。"[2]户籍制度称城镇居民为"坊廓户"，承担着房产税、地基税以及劳役等与农民不相类的责任义务，新

---

① 据文献记载，宋神宗熙宁年间，苏轼任密州（治所今诸城市）太守两年，在熙宁九年（1076）腊月，奉调进京，赶到潍州时已是年除，邂逅大雪，不得不在石佛寺借宿一宵，大年初一雪霁，又行上路。

② 章生道：《城治的形态与结构研究》，载《中华帝国晚期的城市》，中华书局，2000年，第110页。

市民阶层开始壮大。毫无疑问，这一时期潍坊以行政、军事职能为主向以经济职能为主转变，一直到现在，其交通枢纽地位和商贸职能依然没有改变。

潍州城形制

中国传统城市规模和形态很大程度上由城垣圈定。鉴于唐末藩镇割据及五代乱世，坚固的城池成为地方割据势力对抗中央的有力凭借，北宋统一全国之后拆毁了大量城墙。北宋王禹偁记述："自五季之乱，各据城垒，豆分瓜剖，七十余年。太祖、太宗削平僭伪，天下一家。当时议者，乃令江淮诸郡毁城隍，收兵甲，撤武备者二十余年……名为郡城，荡若平地。虽则尊京师而抑郡县，为强干弱枝之术，亦未得其中道也。"[①] 那么，北宋潍州城是否有城墙？《潍县志稿》记载："（宋）建炎二年（1128年）戊申春正月，金阇毋陷十州，围潍州。知州事韩浩率众死守。癸卯，金将赤盏晖督其裨校先登，而城中集秫秸，乘风纵火，发机石，晖将士卫冒矢而下。浩力战兵败，及僚属百姓等死之。晖后以三十骑破宋兵于范桥（今潍城于河街道流饭桥村），金军退"。"朝议大夫周中，适居潍州，率家人乘城据守，（周）中弟（周）辛家最富，尽散其财以享战士。城陷，（周）中阖门百口皆死"。这是建炎二年（1128年）金兵第一次攻打潍州时的情景，可见当时潍州有城垣。潍坊最早的修城记，也称《金人修城记》："阜昌二年（1131年），潍自兵兴以后，秃垣废堡，几若丘墟，居其中者常戚戚不自安。是岁春，伪守曹某倡修城垣，月余而工讫。"可见，潍州城自宋金"兵兴"以后"垣杢堡废"；在原城垣基础上"修复"，是故"月余而工讫"。

至于城垣修筑时间，当在北宋中后期，以熙宁、元丰年间（1068—1085年）的可能性最大：第一、北宋后期面临辽、金强势崛起的压力，朝廷鼓励京畿附近和北方州县修城筑墙。北宋后期李刚"备边御敌八事"："河北、河东州县城池，类多匮

---

① 脱脱：《宋史》，中华书局，卷二九三《王禹偁传》。

圮堙塞，宜偏行修制；而近京四辅郭、诸畿邑，皆当筑城，创制楼橹之属，使官吏兵民有所恃而安。万一贼骑深入，掳掠无得，可以坐困。"[1]潍州作为宋金交锋地带，修筑城池的可能性极大。其二，北宋初期不筑城池，况且彼时的潍州城尚处在向南扩张期，至北宋中后期才大致稳定下来，城池修筑时间应不早于北宋中期。周边州治城市也大都修筑于彼时。苏轼任密州太守时修筑超然台是北宋熙宁八年（1075年），京东东路转运使王居卿大修青州城在熙宁十年（1077年）。熙宁、崇宁年间显然是北宋筑城高峰期。其三，后来潍州城规整的形态和布局表明，当是经过精心规划，不似战争期间仓促抢筑而成。潍州太守韩浩于宋政和四年（1114年）扩建潍州公署，并在公署后北城墙建起"孔北海祠"和"论古堂"两栋纪念性建筑[2]。这种建设城市纪念性质的建筑，是宋代文官政治主导强化城市礼仪的结果，跟苏轼建设超然台具有相同的价值取向。可以肯定，此时潍州城已有城垣，且公署后青阳台亦已修筑。否则，宋金交战背景下，很难想象地方主政者不修城治垣以备御，而是扩衙治景以娱民。可断定，潍州修筑城墙时间大致在熙宁、元丰年间。

据当时潍州城人口和经济密度推测，类比宋代可知城市规模（青州东阳城"城五门，周二十里"），北宋中后期潍州城应不小于明清时期（约城周7.8里）。金、元直至明朝中期，潍州城人口规模均不及北宋鼎盛时期。当然，古代州县治城市规模还与行政等级密切相关。"行政城市的等级愈高，规划者把最初城垣的面积设计得就愈大。高等级的城市被建造得很大，部分原因也许是出于对防御能力的关注，但更多的考虑很可能是预期城市的自然发展过程会产生府城人口比州城人口多，州城人口比县城人口多等等的结果"[3]，这也是推测潍州城规模的重要依据。

中国古代都城和府州治城市大都按照"天圆地方"宇宙观营建。"中国古代的城治外形通常呈正方形或长方形。建立在中国文明发祥地华北和西北地区的所有都

---

① 李刚：《梁溪集》卷四十六"备边御敌八事"，四库全书本。

② 于钦撰，刘敦愿、宋百川、刘佰勤校释：《齐乘校释》，中华书局，2018年，第429页。

③ 章生道：《城治的形态与结构研究》，载《中华帝国晚期的城市》，2000年，第104页。

城，实际上都是正方形或长方形的，最明显的例外只有汉长安城。建立在北京现址上的五座城市中的每一座（从商代的蓟城到明代的北京城）都是方形或长方形的。近似正方形的城在华北和西北比中国其他地方要普遍的多"[1]。"匠人营国（城）。方九里，旁三门。国中九经九纬（南北、东西干道各三条，每条三涂），经涂（南北干道）九轨（一轨为'八尺'）"[2]。隋唐时期北海城是典型的"东西二里、南北一里"的长方形。北宋中晚期宋金交战背景下，蔓延至南部的潍州新区急需修城筑墙。由于隋唐北海城衙署、南北中轴线以及东西大道的约限，以原东西大道为轴线，向南翻扩一倍，形成规则的正方形，便成为便捷合理之选择。从近代潍县城形态推断，北宋修筑的潍州城外廓应是规则的正方形，规模为2里×2里，城周8里，大致相当于近代潍县城城周7.8里。至于后来潍县城呈"龟"形，缺了4个城角，应是元、明、清三代长期演化的结果。

据民国测绘图，潍县城东门里和西门里大街（今东风西街）以北部分，东西两侧城墙呈正南、北方向；而以南部分东、西两侧城墙则呈显著向西偏斜现象，说明东风西街以南部分城墙和以北部分不是同期所筑，东风西街以北部分显然利用了原隋唐北海城墙。至于东风西街以南东、西城墙向西偏斜现象，应是既受白浪河水的逼迫而又尽量与北部城墙保持一致的无奈之举。

从隋唐2里×1里的北海城到宋代2里×2里的潍州城，无论规模还是外廓形态都是里程碑式的变革，这种变革又以城市不断扩张和内部空间演化为基础。宋潍州城布局必然受隋唐北海城原有街巷、公廨以及居民区的约限。由于隋唐北海城东、西城墙以及白浪河的阻隔，潍州城向东、西两个方向发展极其受限，因此隋唐北海城县衙大街仍然居于宋潍州城南北轴线，且逐步形成以两条主街（轴线）交叉口为主要区域的城市中心——"大十字口"商贸区。大致"正方形"外廓城垣围筑后，

① 芮沃寿：《中国的文明与官僚体制》，载《中华帝国晚期的城市》，第321页。作者曾在1943年至1945年间与其妻子玛丽一起被关押在潍县集中营。
② （西周）周公：《周礼仪礼》，北方文艺出版社，2023年，第65页。

潍州城呈现出两条主街（轴线）正向交叉的"田"字型空间结构，"大十字口"也由单纯的"商贸中心"，转变为整个城市的"几何中心"。原北海县城以胡家牌坊街和县衙大街形成的老"十字街"交叉口（也是隋唐北海城的商业中心）则逐渐演变为城区北部"T"字型广场前行政文化中心，一直延续至明清乃至新中国成立后。而新的"大十字口"成为潍州城乃至后来潍县城最繁华、最具标志性的区域之一，至今仍为潍坊人所熟知乐道。

宏观布局结构性重塑的同时，潍州城内部街巷也悄然从封闭的里坊制转变为开放式的街巷制，"街巷制时代正式到来"。街巷街市制以社会经济功能为导向，依据市民需求重塑功能结构。以街巷划分聚居单元，需求引导宅邸、食肆、店铺、学校、会馆乃至勾栏瓦肆均衡配置，街巷之间自由往来，几乎与现在城市相差无几，乃至在慢行系统等方面有其更合理的地方。明清时期潍县城除一些重要街道，如县衙前街、北门大街、胡家牌坊街等主街以外，众多小街便巷均为北宋以后逐渐形成，是多种主客观因素共同作用的结果，承载着历史的变迁、人文的传续和规划者的意图。

战争阴云下的潍州城

城市兴衰往往与战争有着密切关系。北宋末期，中原大地笼罩着宋金交战的烽火硝烟。仅南宋建炎元年至三年（1127—1129年），金兵就四次大规模攻伐山东一带，"兵威所加，民多流亡，土多旷闲"，大量人口南渡避祸，不少地方出现"州县皆空"景象。据张照东先生研究，"金朝统治之初，山东人口数量比北宋后期减少了50%"[1]，手工业、商业凋敝，社会经济大衰退。建炎三年（1129年），金国元帅达懒攻占潍州，潍州地区从此入于金朝。虽然金代中后期潍州城得到了一定的恢复和发展，但直到金末也仅有30989户[2]，不足北宋鼎盛时的三分之二。金、元之交，潍州城

---

[1] 张昭东：《宋元山东经济研究》，齐鲁书社出版社，2006年，第67页。
[2]《金史》卷二十五志第六，第660页。

再受战火荼毒。金贞祐元年（1213年），蒙古分兵三路攻掠两河、山东，连破九十余城。"是年冬，蒙古成吉思汗亲率中路大军攻陷潍州城，烧杀抢掠，城郭丘墟，不守而去。"[①]其间青州杨安儿、潍州李全等领导的红袄起义军也在半岛一带活动，直到元中统三年（1262年）"李璮之乱"结束，社会形势才趋于稳定。元代初期，《齐乘》作者于钦来潍州时，北宋风光早已不再，潍州城东门外白浪河古渡口仅有"石梁遗迹犹存"，潍州公署后北城墙上标志性建筑——孔相祠和论古堂也不复存在，唯余两块残碑断碣[②]。

金、元两朝200余年，山东地区社会经济在饱受风雨中发展：其一，小清河开通。刘豫任伪齐皇帝期间，为方便运沿海食盐至历城与南宋交易，增加财富，巩固统治地位，遂征民役挖通小清河，加强山东西部与沿海地区贸易联系，而且极大地提高了小清河流域灌溉和排涝能力，对山东北部地区发展发挥了重要作用。据《金史·食货志》记载，小清河开通前山东盐课岁收原额为2547336贯，至章宗承安三年（1198年）增至4334184贯，约占全国盐课总收入的40%以上[③]，新增收入主要来自广饶、寿光、固堤等沿海地区。其二，元大都（今北京）建立。中国的政治经济中心长期在中原地区的长安、洛阳、开封一带，由山东半岛通往中原的道路只有泰沂山地北麓的千年古道。而元朝迁都北京后，政治中心北移，由山东半岛经潍州向西北通往京师的另一条大道逐步形成并繁荣起来，潍州城由"四路辅辏"成为"五路通衢"，交通枢纽地位更加凸显。尤其是元朝建立之初，需要依靠南方地区粮食供应，而彼时京杭运河北段尚未开通，漕船沿苏、浙海岸北驶，经山东半岛抵达渤海湾，漕粮由小清河上岸后运抵京师，为潍州地区经济发展带来新的契机。

宋金战乱之后，潍州城曾在伪齐阜昌二年（1131年）修筑过，仅为暂时防御李全等红袄军，"月余而工讫"。几十年后，又被蒙古大军铁蹄踏为"丘墟"。元代统治

① 常之英：《潍县志稿》卷二通记，民国三十年（1941年）刻本，第224页。

② 于钦撰，刘敦愿、宋百川、刘佰勤校释：《齐乘校释》，中华书局，2018年，第428页。

③ 脱脱等：《金史》"食货志"，中华书局，2016年。

者对城池修筑持消极态度。但是元代初期，山东处于对元朝持对抗态度的李璮统治下，他热衷于修筑城池，以求自保。青州、潍州等地城市建设步入恢复期。据《潍县志稿》记载，毁于兵燹的文庙重建于元宪宗时（1251—1259年），至元十五年（1278年）又扩建；潍州衙署在"至元二十七年（1290年）知州张萃重建"，《大元潍州重修石桥记》之石桥也分别于至元已亥年（1275年）和元贞二年（1296年）两次重修，至元代中期潍州城面貌已得到相当程度之恢复。自元代状元张起岩"潍州八景"[①]诗可窥一斑。张起岩标定"潍州八景"约在延祐年间（1314—1320年），其《青阳晴眺》和《西山霁雪》分别有"秋风雨霁碧天凉，极目城楼逸兴长""楼上凭栏凝望处，嶙峋高列玉屏寒"诗句，说明当时潍州城不仅建有城墙，而且北城墙和西城门还起了"城楼"。《石桥漱玉》中诗句"潍水潺潺渡虹桥"，则是描述了潍州城东门外装饰华丽的石桥；《玉清烟晓》"琳宇清幽近水涯，凌云烟霭杂朝霞。殿坛金璧相辉映，一段丹青景最佳"，描绘了城北那片烟霭萦绕的道教建筑玉清宫，从中可感知当时社会环境的相对稳定和潍州城的旖旎风貌。

---

① 张起岩："潍州八景"：东园早春、南溪垂钓、西山霁雪、麓台秋月、孤峰夕照、玉清烟晓、石桥漱玉、青阳晴眺。

PART 09
第九章 明清时期的潍县县城

　　山东经济自先秦以来一直居于全国前列，但是随着元代后期几经战乱兵燹，黄河连年泛滥，经济地位急转直下。为此，新生的明王朝重新调整了山东政区。洪武元年（1368 年），省并北海县入潍州，仍属青州府。洪武九年（1376 年），山东承宣布政使司等机构由青州迁济南，青州从此失去了山东政治行政中心地位，潍州改属莱州府。洪武十年（1377 年），又降潍州为县，改潍县。潍县历经明、清及民国，至 1948 年解放，建制与辖区基本未变，共 571 年，我们称这一时期的潍坊市为潍县城时期。

　　明末清初是潍坊城市发展史上的又一高峰。潍县县城交通枢纽地位持续强化（见图 9-1），资本主义开始萌芽，商品经济蓬勃发展，突出表现在农副产品加工业和商业运输业快速发展，潍县逐步成长为潍坊地区乃至更大区域内的物资集散地和区域经济中心。商品经济发展又从根本上推动潍县县城规模的扩展和内部结构的改变，特别是东关坞的形成，最终使潍县县城演变为极具特色的典型的"双城结构"，成为山东半岛上一颗璀璨明珠。

明清时期的潍县

　　元末至明代中叶，潍县经历了一个经济衰退期。第一是战乱多发。元末战乱与"靖难之役"，山东都是主战场，长期的战祸兵燹，使山东人口锐减，赤地千里，荒

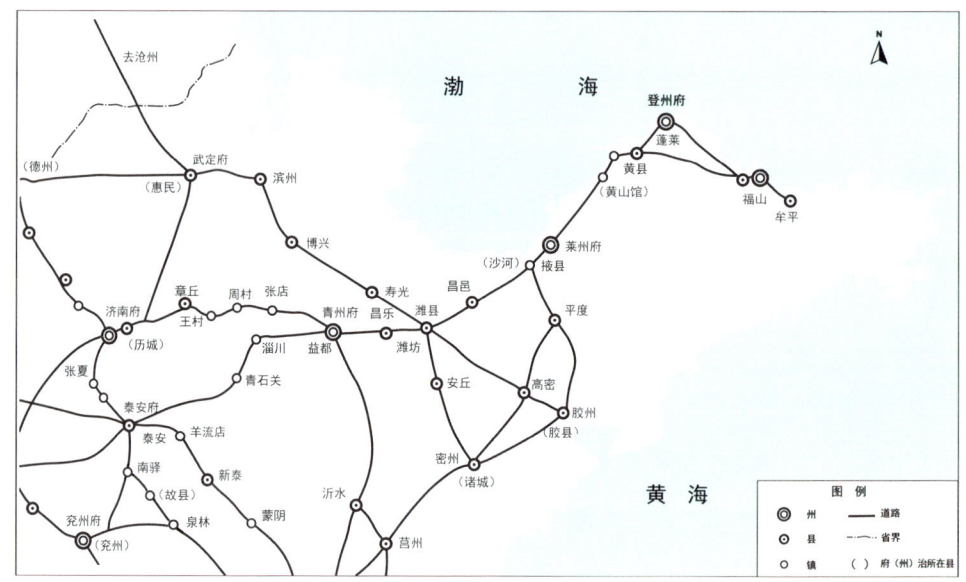

✕ 图 9-1 明清时期潍县区域交通示意图

说明：此图根据《山东公路史》第一册"古代道路"绘制

无人烟。第二是自然灾害频发。元朝末年黄河下游多次决口，洪水泛滥，淹没州城村寨无数，漂没民居无算。潍县虽未直接遭受黄河水患，但是仅明代就发生78次其他自然灾害，约三年有一次[1]。第三是山东经济重心西移。明永乐十三年（1415年）大运河会通河段通航，随后实行海禁防倭寇，山东半岛沿海经济受到严重影响，经济重心逐渐移至鲁西北运河沿线，商品流通随着漕运迅速繁盛，德州、临清、济宁等城市日趋富庶，而山东半岛地区的经济地位则一如边陲。经济衰退和自然灾害，导致大量灾民外迁。据《明实录》，仅明初1430年前后迁出潍县的灾民就有3407户[2]。社会经济危机又往往导致地方动乱，正德年间（1512年）潍县遭逢刘六刘七、杨寡妇之乱。明初至明代中叶，朝廷多次向登、莱、青三州大规模移民，但直到明代中期，潍县乃至整个半岛地区社会经济仍无太大起色。

---

① 叶汉明：《十九世纪末潍县的社会经济变迁》，《文史哲》1989年第0卷第2期，第27-34页。

②《大清圣祖仁（康熙）皇帝实录》，台北华联出版社，1964年，第3078页。

人口大规模迁徙和物质困乏，使得人们从某种程度上更加依赖于市场，"多旋市菽麦，熟而售之，资以糊口，居民便之"。位于半岛中部的潍县地处山东陆路交通咽喉和经济要冲，一直是鲁东和鲁西以及山东半岛南部和北部之间陆路交汇点。随着周边海运沉寂，潍县逐渐转向陆路交通和商贸业发展。明代中期，张居正"一条鞭法"改革也起到了催化剂作用。明代中后期，潍县商人粮食贸易极活跃，为益都等临县提供粮食。鲁东地区特产如粉丝、丝织品、玻璃等也以潍县为集散地。潍县商人活动还扩展至更广阔的地域。明末清初，吉林、苏州的东齐会馆就是潍县和胶州、青州等地商人所建。到明万历年间，潍县商税收入已居莱州府属七州县之冠，超过府城掖县两倍之多①。

清康熙二十七年（1688年）重开海禁，半岛地区经济更加活跃。山东"海口共有十七处"，朝廷设立船税，往来贸易货物"计价每两抽税三分"。康熙年间，沿海诸港口税定额为786两。雍正初年经抚查，"胶州、莱阳、昌邑、利津、日照、蓬莱等六处船货稍多，逐年收数比前大增"，尤以胶州为最，每年征银高达7540两。乾隆四十一年（1776年），山东沿海各港口征收船税银10793两，为康熙时13.7倍。到咸丰九年（1859年），仅福山、胶州等14州县海口不完全统计，税额已达42280两，较乾隆时又增三倍②。沿海一带各种商品，大都汇聚潍县，然后输向山东内地，而山东内地各种货物也多集于潍县，然后由海路（通过羊角沟港）或陆路运往各地，潍县成为鲁中和鲁东地区重要的物资集散地。郑板桥《竹枝词》中说到："三更灯火不曾收，玉脍金齑满市楼。云外清歌花外笛，潍州原是小苏州"；"两行官树一条堤，东自登莱达济西。若论五都兼百货，自然潍县甲青济"，正是此时潍县城繁华景象的写照。民国学者丁锡田《潍县地理说略》写道："吾邑前清嘉道间，商业之盛，甲于一时。即以当典一业而论，至有七十二处之多，其他可知。"③早在乾嘉年间，"集散人归

① 陈谦修、孔尚任、刘以贵：《康熙莱州府志》卷七，康熙五十一年刻本，第36页。
② 许檀：《清代前中期的沿海贸易与山东半岛经济的发展》，载《中国社会经济史研究》第2期，1988年，第34页。
③ 丁锡田：《潍县地理说略》，载《禹贡》，1934年，第108-109页。

掩市门，市楼灯火定黄昏"，潍县集市已颇具规模，至光绪时更是形成闻名遐迩的潍县沙滩大集，成为潍县及周边广大区域重要的物资集散场所。

商贸的繁盛也影响了人们日常生活和社会习尚的讲究。服饰上，"用珠玉饰帽者""甚至以绫绮为袜，手帕为裙与为里，为亵衣用着矣""时兴花样，日盛月新，一味华美"；文化上，"今文学之外，杂以声律"[1]，受到社会各阶层喜爱。同治年间曾任东海关监督的龚易图写道："近岁以来，言东海富庶之区者唯潍（县）与黄（县），其科名文物之美，冠缨世族之盛亦两邑为最"[2]，士绅文化、名士风采冠绝齐鲁。至清代中后期，潍县城虽然是县级城市，但是作为区域经济中心和物质集散地的职能和地位牢固确立，青州仍是政治中心，但其经济职能已然逊色。

东关坞

古代州县治所城市延续若干年后，通常会在城墙外城门附近形成一定规模的商业街区，杂之以居民区，称之为"关厢"（也称"城关"或"附郭"）。这是城市人口和用地的"外溢效应"。明清时期潍县县城4个城门外相继发展起了关厢，甚至离城门较远的城墙外也形成两个较大规模关厢，即西南关和东北关。关厢规模不断扩大，有的甚至超过了主城本身（如东关坞）。城墙外"关厢"与城墙内"主城"共同构成潍县建成区，深刻改变了潍县城规模、形态与空间结构。

《大元潍州重修石桥记》所记，至元戊辰（1268年）夏秋之交，潍州城东门外石桥被洪水冲垮，商旅"弃捐东郭，静如野店"，可见至少元代白浪河东岸一带即有人生活、旅居、客宿。明代中叶，东关一带渐渐形成许多集市和居住街巷。据清康熙三十七年（1698年）《重修玉皇阁碑记》，明天顺五年（1461年），为防登、莱匪帮劫掠，潍县知县载昂主持建起东关圩（俗称围子）。按照后来东关"八阁"（原为东关

---

① 常之英：《潍县志稿》，和记印刷局，2012年，第342页。
② 赵尔巽等编：《清史稿》卷三十二，中华书局，1977年，第9524-9545页。

圩八个圩门）位置推断，其时东关城厢东西长度已接近二百丈，南北长度已接近主城，面积约0.4平方千米[1]。

明万历年间（1573—1620年），东关城厢已是繁华商贸区和居民区。据明万历《潍县志》载，城有九隅："西关南隅、城西南隅、西北隅、东北隅、东南隅、东关南隅、东关北隅、东关南北隅、东南北隅"，即除了西关南隅外，城内有4隅，东关有4隅；有"市二：一在城内大十字口，一在东关大街十字口"；集市"在城内者七，在东关者七，在西关、南关各一"。东关城厢不仅有4隅、7集场，与主城相当；而且已经形成了与主城相似的"大十字口"商业区（"市"）。从东关4隅和7集市推断，当时居民区和集市并没集中成片，而是相对独立和分散的，其间仍有不少"闲置地"。据四"隅"名称和方位判断，东关城厢主要街巷并非规整的东西、南北走向。当时东关四"隅"是以东关"大十字口"为中心向南通往安丘、诸城的道路，向东通往胶州的道路以及向东北通往昌邑的道路分隔成的四个象限，即东关南隅、东关北隅、东关南北隅、东南北隅；唯一的"市"（相对固定的商业区）处在三路交汇"大十字口"，其他7个集市则分居交通相对便利的位置。（见图9-2）

乾隆《潍县志》载，潍县县城有集市七，"东关四，南关、西关、北关各一"。可见乾隆年间，经过一百多年发展，东关位于大十字口的"市"（商业区）并没有改变，但集市已由7个缩减为4个，说明其他3个要么连为一体，要么辟为居民区，关厢内"闲置地"得以充分利用。有隅八，"原旧尚有东南北隅，今减去为八隅"，原"东南北隅"很可能已"改造"并融入建成区。东关"大十字口"向东南通往胶州、向东北通往昌邑的道路已经被东西向东关大街替代，不规则的"四隅"已调整至相对规则，（乾隆时期）东关城用地布局已发生根本性重构，主要街巷逐步改造成大致东西或南北方向。东关圩始建于清咸丰十一年（1861年），建成区不仅在原东关圩基础上向东、南、北扩展较大，而且从现存绿瓦阁相对城墙位置看，还向河岸推进10多米，东关圩面积达约1.1平方千米、圩周4.67千米，已经与河西潍县县城（面积1.2

---

[1] 王瑞甫：《潍坊，1400年的城池》，载《人文潍坊》第一辑，文化艺术出版社，2012年，第16页。

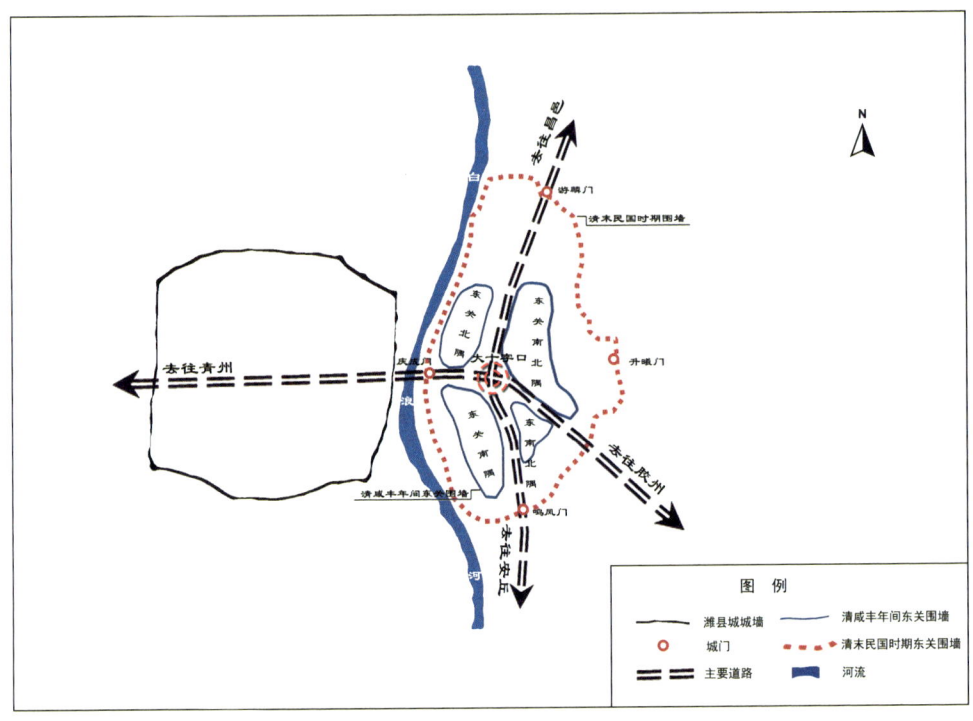

⊠ 图 9-2 东关坞形成及空间肌理示意图

平方千米、城周9里三十步）规模相当。

"东关坞"凤凰涅槃的同时，其他关厢也逐渐发展起来。西关形成最早。其处在自古以来东西大道，古代实行"宵禁"，城门朝开夕闭，旅客商贩常在城门外歇脚以待来日，城西门外逐渐聚集起酒肆、客栈乃至官驿。明代以后西关又逐渐成为潍县城通往各地多条官道的急递总铺所在，正如章生道先生言："客栈和迎合客商需要的服务设施通常设置在通远距离商路的一座或几座特定的城之外。"①西关居民多富裕，关厢城墙最坚固，经历次修缮，几与潍县主城媲美。西关西大门建有潍县"九阁"体量最大的望山阁，成为潍县城西标志性建筑。

南关和西南关形成也较早。南关位于潍县城南门——主门外，重要活动须从主

<hr />

① 章生道：《城治的形态与结构研究》，载《中华帝国晚期的城市》，中华书局，2000年，第101页。

门出入。南关形成的因缘为"早市"。南关向南、向西正对山前平原和丘陵地带，是早期潍县城粮、菜等日用品重要来源地。西南关处在南门、西门通往西南临朐（冶源）道路交汇处。南关和西南关虽然形成时间较早，但直到清末潍县开埠才步入发展快车道。胶济铁路潍县火车站毗邻两关厢，且以南关为主体划定开埠区。

北关和东北关形成较晚。北关地处城北偏西，地势低洼，不宜居住，主要沿着通往西北京师大道带状分布，居民主要是服务于商旅的业户和农耕者。东北关介于北关和白浪河以及东、西两城间，形成时间比北关更晚，距离东关坞通济门和耀武门较近。东关繁盛起来后，东北关受其外溢效应迅速地呈东西向带状拓展，到清代晚期已居东关坞之后成为第二大关厢。从街巷名如木市街、竹市街、绳子市、窑货市、铁匠市等，可见东北关是在北沙滩大集基础上发展起来的，然后逐渐向南、向北扩展，最终南接北坝崖街商气，北融张家庄、辛庄为一体（各关厢规模及关厢分布位置见图9-3）。

各关厢无论形成早晚，真正大发展均在明末，特别是清代之后。正如李晓聪先生所说，"自唐朝结束以来的一千年里，中国城市经历了两次形态与地域结构上的突破，一次是唐朝后期突破了坊墙，整齐划一的城市逐步拓展使形态趋于自由化；另一次是清朝中叶突破了城墙，城市外围的关厢普遍发展，其历史价值反映出清前期中国城市的繁荣已经超越了城墙的约限。自由的形态与布局，往往表明地方经济的繁荣，城市在自身功能的推动力下，能够挣脱体制的束缚而自然地发展。"[1]相对主城而言，关厢街巷布局更自由灵活，这是明清时期高度繁荣的商品经济在城市空间布局上的客观反映。

龟蛇相依

东关坞先有城区后建城墙，其外廓形态极不规则，呈现依河而建的态势，从远

---

[1] 李孝聪：《中国城市的历史空间》，北京大学出版社，2015年，第111页。

处看像一条盘踞的"长蛇"。这种不规则的城市形态与隔河相对的潍县县城形成鲜明对比。潍县县城呈近似方正的椭圆形，中间高周边低，形态颇似"乌龟"，被称之为"龟城"。东关坞与潍县城规模大致相当，且隔河相对，既具有各自独立的服务设施和街巷里坊，又彼此紧密相连，"龟蛇相依"的双城格局由此形成。清末史学家张昭潜描写到："东城迢递对西城，中有银河一道明"，"白浪河岸，两城对峙，声援联络，形胜百倍"。章生道先生将"由两个或两个以上筑有城墙的独立部分组成的城市"称为"复式城市"，并根据"复式城市"形成原因，将之划分为不同类型。潍县当属"由一个行政城市及其商埠组成"的"复式城市"之列①。在水运发达的南方或北方运河地区，沿河两岸分别形成"市镇"是容易理解且较普遍存在的，而在几乎没有通航条件的白浪河两岸形成"双城结构"城市则较为罕见，背后的发展动因与机理值得探讨。

东关坞的诞生和"双城结构"的形成，不是"人为规划"出来的，而是在漫长的历史进程中自然演化的结果。这种承载着历史文化底蕴的"自然形态"比"人为规划"，更具亲和力、有机性。历经东关圩、东关坞，脱颖而出为东关城，是历史地理自然选择的结果。其一，得益于适宜的自然地理环境。潍县城东门沿河一带本是人流密集所在，但潍县东城墙毗邻河岸，缺少关厢发展空间，"挤压"东关厢跨过白浪河，达致河东岸平缓开阔适宜原始集市（"草市"）发展的广阔区域。其二，得益于优越的交通区位。明清时期潍县县城作为鲁东地区与西部内陆地区沟通交流枢纽，不仅扮演着服务周边地区职能，更是充当着整个鲁东地区及其周边港口的货物集散地角色。白浪河渡口东岸（即东关）一带正是"三路辅辏"之地，适合商业集镇发展。北宋后期潍州城向南扩展，原隋唐北海城南侧东西大道变为潍州城内东西主街，而白浪河桥（渡口）位置却始终没变。白浪河东岸汇聚的往来商旅，经白浪河桥直接进入潍州城，一般不会再绕道城南门或北门，城区向南、向北扩展的动力降低。白浪河东岸"三路交汇"的"十字口"便成了潍州（潍县）城布局新商贸

---

① 章生道：《城治的形态与结构研究》，载《中华帝国晚期的城市》，中华书局，2000 年，第 101 页。

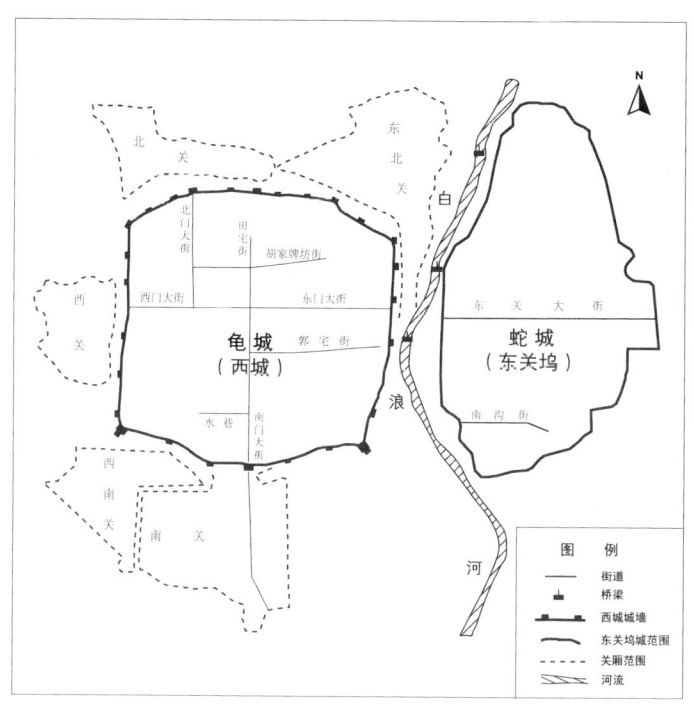

图 9-3 潍县"双城结构"及关厢分布示意图

经济区的最优选项。其三，得益于发展商品经济的比较优势。优越的区位、便利的交通以及平展的用地条件，使东关在发展商品经济方面比白浪河西岸潍县（潍州）城及其他关厢更具比较优势，尤其是成本优势。区域性商贸活动面向周边乡村以及远距离批发贸易，需要更加低廉的商贸仓储、手工作坊乃至居住用地。毫无疑问，东关坞比潍县县城具有成本优势，比其他关厢具有区位优势。这种比较优势，一定会客观地反映到东关坞与潍县城职能分工上来。潍县县城主要是行政、文教与士绅住宅区，东关则是商业、手工业和民众聚居区。东关坞形成初始，东西两城职能就开始分离，并在长期发展演化中逐渐强化，从中可窥见东关坞之产生和发展的根本动因。

筑城

城墙是古代城市研究的焦点。自隋代北海城创设到明代中叶，除了伪齐刘豫修城的零星记载外，很少见到北海城和潍州城修筑史料，而明代起潍县县城修筑记载开始丰富起来。明代本身即为我国城池建设高峰期，史学家称之为明代的"建城运动"。明代潍县县城（西城）3次大规模修筑，并在白浪河东岸建起东关坞。清代主要是修筑东关坞以及8次小规模修缮潍县县城（西城）。

明代潍县县城（西城）3次大修，最早是明正德七年（1512年），为防河北刘六、刘七农民起义军侵扰，东莱节推官刘信奉命驻潍县主持修城。据黄公莆《大修潍县城池记》，此次为重构性大修。城池规模略有扩大，"城之完也，视旧有加，城周七里，长一千二百二十四丈有奇（6.8里多）。"[1]"视旧有加"说明基于原潍州城修筑，且比原有规模略有扩展，同时也说明元代后期潍州城周已不足7里。增建军事设施。4个城门之上并无城楼，而是增建"楼橹"（用于瞭望、攻守的无盖高台）；城墙四角新起"角楼"。城墙新建24个敌台、856个卧铺，城池御敌能力大大提升。开挖护城河。潍县城明代以前跟华北地区大多数城市一样"有城无池"。"于城西十里许引小于河水注壕"，为防止护城河水流失白浪河，"又于白浪河筑石堤五十丈以障壕水"，极大地提高了潍县城军事防御能力，后来成为城区重要的蓄水、排水通道。

第二次修缮于明万历九年（1581年），由知县史善言主持。此次修城不是迫于战乱，而是解决"城同虚设"的问题，"视城之废缺者，酌情量力，缓急次第而葺（修）之"。采取"颓者葺之，虚者易之，坏而塌者重砌之，完而坚者因之"的分类处置方式，全面加固城墙及相关设施。整修4座城门，改建北门为"瓮城"重门（史称"史公门"），南门建起城门楼，城墙东南、西南角各起角楼。东城墙外白浪河西岸原有石堤，栽植大树（巨椿），实以坚土，以疏缓洪水冲击城墙。疏通护城河，修筑两岸护堤，种植榆柳，河里"杂莳莲芰"。告竣后，城墙"崇墉削壁"，城周长林

---

① 黄公莆：《大修潍县城池记》，载《乾隆潍县志》卷八"营缮"，民国三十年（1941年）刻本，第3页。

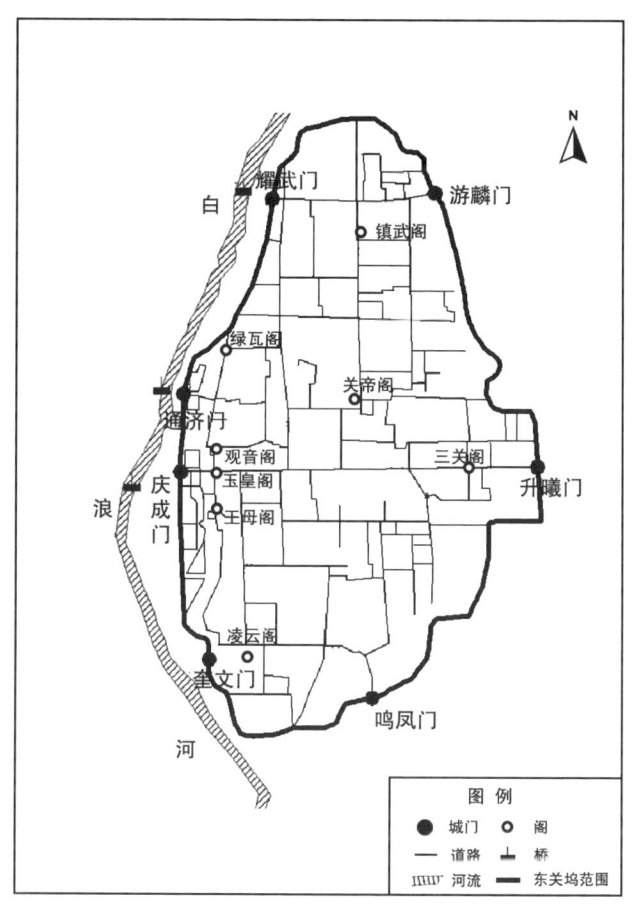

× 图9-4 潍县东关城"七楼""八阁"位置示意图

夹岸，芙蓉布水，"称花县锦城，不为过也"[1]。

第三次修城在明崇祯十二年（1639年），为防清兵兵锋，知县邢国玺倡导全城士绅里民捐款捐工，改土城为石城。新筑石城"凡为城周一千三百四十九丈有奇，四面皆石，石进数层，高四丈有奇，厚二丈五尺"，城墙上"为正楼五、角楼二、敌台二十八、敌楼四。堡屋、炮房间之"。重新加固东、南、西3瓮城，拆除北门瓮城，于北城门楼台上起空心楼。此次修城不仅使潍县城规模有所扩大，而且加高、加

<hr>

[1] 王渐：《史侯重修潍县城池记》，载《潍县志稿》卷八"营缮"，民国三十年（1941年）刻本，第3页。

厚、加固原城墙，全部包以青石，对潍县城进行了一次"定型"①。

清代主要是在旧城基础上修缮。"雍正八年（1730年）六月二十四日，白浪河水涨齐城腰，一时倒坏千四百余尺。是后渐次倾倒千八百尺有余"②。清乾隆十一年（1746年）郑板桥任潍县县令，正值灾荒不断，大批灾民生活无着，于乾隆十三年（1748年）"以工代赈"，整修城墙近600米。清道光二十五年（1845年），"邑候何镕公集绅士，倡议捐金重修石城，废者举之，阙者补之"③。清代修城均在和平时期，城防及附属设施修葺精致细密。此后至清末又6次小规模修缮，但基本维持原有的城池规模和形态。

东关坞有两次大规模修筑史。第一次是创建东关圩④。据《清康熙三十七年重修玉皇阁记碑》：明天顺五年（1461年），知县载昂，因登莱匪帮曾侵扰东关，申用官银兴建东关土圩墙。圩墙沿现有街巷自然形成的边沿，再因地依崖靠沟夯土板筑，墙基宽一丈，高一丈五尺至两丈。依主街设置12处圩门，各圩门外皮由砖砌、石垒而成。自明成化年间至万历年间，于原圩门基础上，相继建起玉皇阁、三观阁、关帝阁、真武阁、观音阁、绿瓦阁、王母阁、凌云阁8座关阁。随着东关城区扩大，圩墙逐渐废弃，拓展出新的街坊，而8处圩门却原址保留下来，直到新中国成立前后才陆续拆除，目前仅存绿瓦阁。第二次是修筑东关坞⑤。由知县张楷枝发起，当地士绅筹捐，清咸丰十一年（1861年）开工，历时六年，竣工于同治五年（1866年）。建成后的东关坞城周4.67千米，城墙高7.7米，墙基厚5.1米，墙顶厚2.9米，内外均为沙坝罩面。设置7个城门。为便于与西岸主城联系，西侧城墙连开四门，合称"东关西四门"，依次为奎文门、庆成门、通济门和耀武门（现存奎文门和通济门），另3个城

---

① （明）陈调元：《潍县新筑石城记》，载《潍县志稿》卷八"营缮"，民国三十年（1941年）刻本，第7页。

② （清）郑板桥：《乾隆修城记》，载《潍县志稿》卷八"营缮"，民国三十年（1941年）刻本，第10页。

③ （清）何镕：《修城记》载《潍县志稿》卷八"营缮"，民国三十年（1941年）刻本，第10页。

④ （清）张孟楷：《清康熙三十七年重修玉皇阁记碑》，载《乾隆潍县志》2011年影印本，第46页。

⑤ 郎枢斗：《追补潍县东关建造围墙碑记》民国，载《潍县志稿》卷八"营缮"，民国三十年（1941年）刻本，第18页。

门分别设在东、南、北偏东3个方位，为升曦门、鸣凤门和游麟门，合称"七楼"，与东关圩留下来的"八阁"，并称为"七楼八阁"，体量巍峨高大，日久成景，为东关圩重要象征。

规模

古代城市规模大都采用城墙周长计量。从历次修城记载看，潍县县城周长是不断变化的，并不是历代潍县志一直记载的"九里三十步"。古代地方志大量出现"九里三十步"，非确指，而是象征城市吉祥的意象性数字而已[①]。

明正德七年（1512年）刘信所修城池"城周七里，长一千二百二十四丈有奇"。万历九年（1581年）李善言修缮城池时规模和形态应无大的改变。崇祯十二年（1639年）邢国玺改土城为石城，"城周一千三百四十九丈有奇（约7.6里）"，比正德年间所修土城扩大了125丈（约350米）。清代两次大修，虽然没有提到城周长度，但民国时城墙实测长度为7.8里，说明历次修城都或多或少影响到城池规模。如果把时间的纵深往前推得更久长，就会发现潍县（潍州）城池规模变化大致规律：从隋唐北海城城周6里（东西2里，南北1里），到北宋末期潍州城周约8里（东西2里×南北2里），金元时城周不足7里，到明正德年间城周7里，崇祯年间石城7.6里，再到民国时（1934年）实测城周7.8里。规模的变化与不同时期城市等级、人口规模和经济发展有着明确对应关系：隋唐时期北海城是近代潍县县城的创始阶段，规模取决于城市行政等级（县治城市，2里×1里）；北宋时期潍州上升为州治城市，经济和人口规模也达到潍坊（城市）历史上第一个高峰，城市规模实现翻扩（2里×2里）；金元时期，直至明代中叶，因战乱荒灾，潍州（潍县）城经济和人口规模大量缩减，城市规模相应缩小（不足七里）；明代中后期潍县经济逐渐好转，到清代中期达

---

① 来亚文：《"九里十三步"城与"九里三十步"城考——文献所见中国古代城郭周长的数字意象》，《历史地理》2014年第三十六辑，第271页。

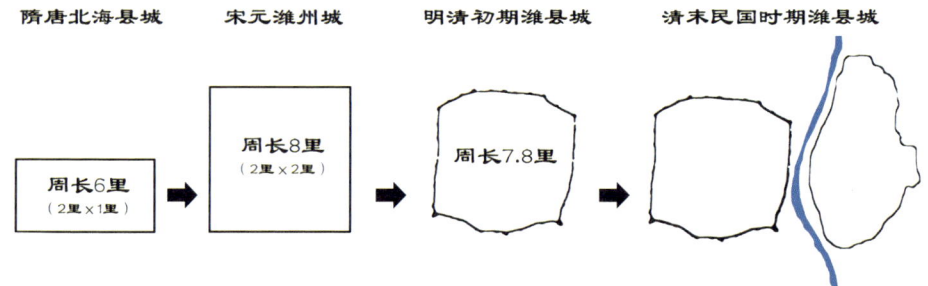

隋唐北海县城　　宋元潍州城　　明清初期潍县城　　清末民国时期潍县城

周长6里
（2里×1里）

周长8里
（2里×2里）

周长7.8里

✕ 图9-5 潍县县城规模和形态演变示意图

到第二个高峰，不仅河西岸潍县县城周边发展起5个关厢，而且城东岸建起东关坞，清代晚期潍县县城（东、西两城）达到城周18里。设若以面积算，城市规模（容量）的扩缩更加明显：隋唐北海城（2里×1里）到宋代潍州城（2里×2里），城墙周长仅增加2里，但实际面积却翻倍；自北宋以后，城墙长度从8里减至7里，再逐渐增至7.6里，城市实际面积却没有多大变化；进入明代中叶以后，东关一带迅速开拓，整个潍县县城（东、西城）规模扩大1倍以上。从时间序列分析，北宋和明代中叶至清末两个时期，潍县县城规模和空间结构均发生突破性改变：宋潍州城在隋唐北海城基础上向南翻扩1倍；明清潍县县城在宋潍州城基础上东跨白浪河翻扩1倍。这种规模变化不仅体现在城墙的外扩与内缩，而且城市形态也发生显著变化。

城市形态

规模变化和城墙盈缩必然反映到城市形态上来。隋唐北海城与宋元潍州城均为规则方形，由传统营城规制所定。那么明清时期"龟"型从何而来？从实际测绘图看，城墙南半部分呈现出明显向西偏斜现象，尤以东城墙偏向较大，约15°—20°西城墙偏向约10°（见图9-6）。这是潍县城"东南临水，沙虚善崩"，屡毁屡修，不断向西退让的结果。正如刘以贵《重修白浪河坝记》所言"城东隅正当河流之冲，每

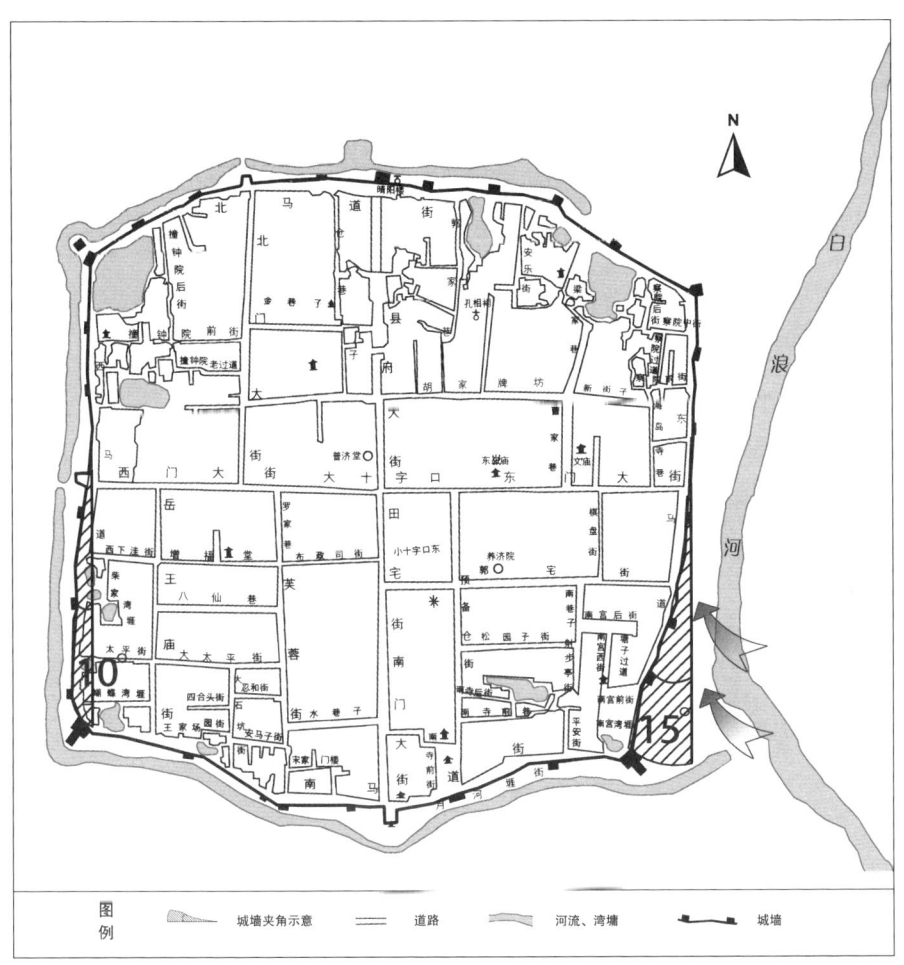

图 9-6 潍县县城形态演变示意图

凋大雨行时，水势奔腾怒号，设坝束之，使不得侵城，坝之所系诚重矣"①。即便修有石坝，东南城墙仍然屡被冲塌。从"修城记"看，每次修城城门形制均有所创新，或楼橹，或门楼，或瓮城，但城门位置始终未改：城门大都对应城内主街，除非城市布局发生重构性变化，否则主要街巷绝难改变；历次修筑均在旧城基础上进行，城门位置要顾及两侧城墙，若城门位置稍有移动，则城墙工程量将大增。因此，潍

① 刘以贵：《重修白浪河坝记》，载《潍县志稿》卷十"营缮"，民国三十年（1941年）刻本，第16页。

县县城规模和形态的改变主要源于城墙局部缩扩，特别是4个城角收缩。就建筑结构而言，城角本就易塌坏。潍县县城地势中间高、周边低，加之历次修城从城基附近挖土，使4个城角均处在最低部位，再加上周边护城河水长期浸泡，必然使4个城角屡经坍塌、复筑。复筑时城角不断内缩至稍高地势，逐渐形成大致沿等高线近似弧形城角。这种城墙形态和中间高、周边低的地形特点，再加之东、西、南三瓮城，使得潍县城池逐步形成近似"龟背"形态，称之为"龟城"。

不同于潍县县城（西城）原本规则的正方形，东关坞（东城）建城伊始即是自由形态。从三路交汇"大十字口"集市发端，没有既定形制，沿着河岸和潍县城向南、东南、东北的3条大道逐步蔓延发展，至明代中叶建设东关圩时已颇具规模，清末建设东关坞时已达到与主城相当的规模。先有城区后建城墙，需要照顾已有街巷里坊布局形成的参差不齐的外廓形状，城门设置还须尊重原有道路，致使东关坞形态极不规则，东西最宽处仅0.9千米，南北最长处约1.5千米，依河而建，蜿蜒曲折，远望似盘踞的"长蛇"，故称之为"蛇城"。

更为深层的原因：东关坞诞生在城市商品经济大发展背景下，经济活动、建造行为基于商业导向，在生产、生活"利益最大化"驱使下，自下而上自发形成，摆脱了"以儒家礼制为精神内核、以制度为空间布局标准"营城理念束缚，蕴含着更多的"非正规性""革命性"和"自由的属性"[1]。

街巷

街巷是城区布局骨架，也是面积最大的公共空间。明清时期潍县县城是区域政治行政中心，循传统城池营造法则而建，呈四方圆角形，有东南西北四座城门（东朝阳门、西迎恩门、南安定门、北望海门），道路为棋盘状，以大十字口为中心，沿东西、南北正方位向周围辐射，大小街巷50余条，形成了四通八达、端正均衡的

---

① 成一农：《中国古代地方城市形态研究现状评述》，《中国史研究》2010年第1期，第161页。

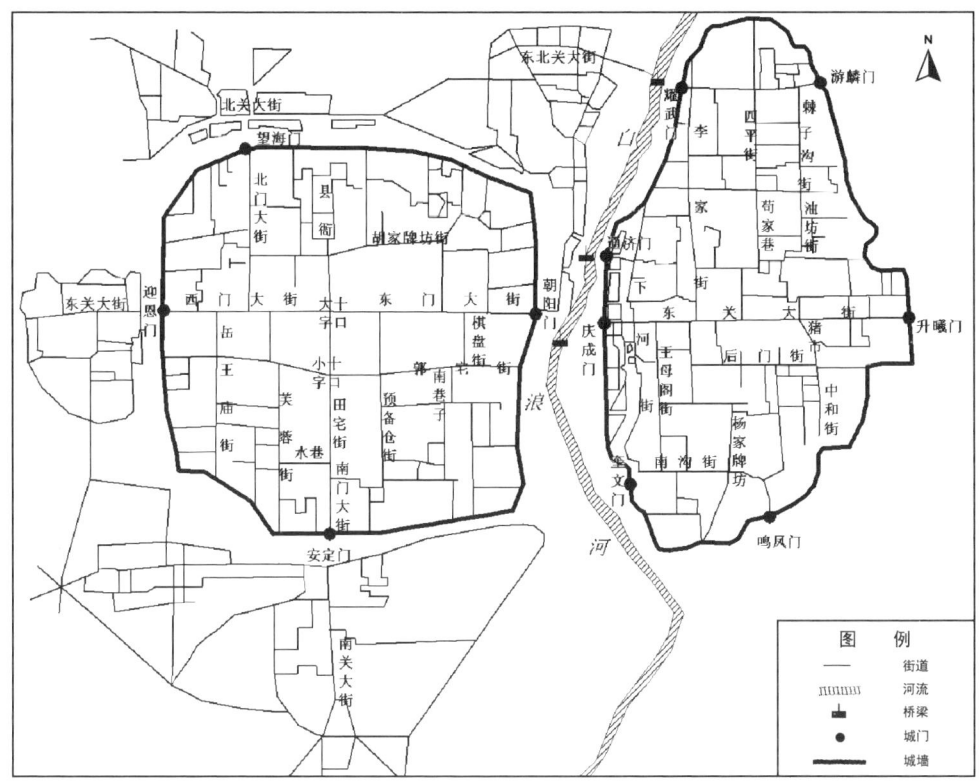

× 图 9-7 潍县县城主要街巷城门位置分布示意图

道路网格。东南西北主要街道分别为东门大街、南门大街、西门大街、北门大街，城里围绕城墙内圈有东南西北四条马道。城门、县治、公廨、庙宇成为街巷识别标识。"大十字口"商贸中心基于交通和区位等客观因素逐渐形成，而城区南部街巷布局则明显带有"人为规划"痕迹，如东西向郭宅街——布政司芭基本与城里大街北侧的胡家牌坊街相对称。最南部一些街巷则相对自由和凌乱。该区域建成初期是大片空地，先建起大型城市设施，如石佛寺、仓库（预备仓）、南宫、射圃（公园）等，后期街巷围绕已建公共设施因形就势而成。

明清时期东关坞（东城）是潍县经济中心。明代潍县撤州改县隶属莱州后，成为县城东去府城必由之地，加之明清时期区域经济服务职能强化，商业、手工业用地大幅度增加与民众聚居区集中连片而成，街巷形式相对自由，素有"七楼八阁九街十八巷"之称。东西方向主要有东关大街(升曦门至庆成门)、北大街(耀武门至游麟门)、南沟街(奎文门至鸣凤门)、前所街(东四平街至固堤街)、后所街(东四平街至西四平街)、后门街(中兴街至猪市口子)、增福街(增福庙巷至东马道)等；南北方向主要有李家街(东关大街到鱼市街)、固堤街(鱼市街到后所街)、西四平街(固堤街到北大路)、东四平街(前所街到北大路)、中兴街(东关大街到南大街)等。

明清时期东关大街横贯东关，素以商贸繁盛著称，是潍县现代工商业发展摇篮，又因金融业在此发祥而成为潍县金融街。清末及民国时期，东关大街长约0.9千米、宽约5—7米，原分四段且各得其名：升曦门到三官阁，是一条东端向北斜的街，叫"三官阁外"；三官阁到玉皇阁是初始的东关大街；玉皇阁到下河街口叫"玉皇阁下"；下河街口到庆成门叫"沙岭子"。下河街也是东关商圈知名工商业街道。明、清两代东关市集都设在东关大街十字口，可以推断东关大街与下河街十字口一带曾是东关市集所在地。清末民初因潍县附近尤其东部区乡棉织业蓬勃发展，大宗钱款往来频繁，在玉皇阁上下(即内外)和下河街路口附近逐渐形成钱庄、银号等民营金融业，东关大街成为名副其实的"金融街"。

建筑与景观

公廨

县衙位于县城南北轴线北端。《万历潍县志》载："县治在城内正北，元至元二十七年（1290年）知州张萃重建。国朝洪武十一年（1378年）知县胡璟修"，"古郡北海，场前临大街"。县衙占地约2.4万平方米，明清两代多次修缮，但是内外形制(包括庭院、广场、附属设施)基本没变，符合州县衙门建筑规制。衙门前是万历年间知县史善言建的石坊，上书"东莱首邑"，高大影壁墙后是县衙大门，两旁一对一人多高威武雄健的石狮。过甬道即是砖石结构的"二门"，上书"北海名区"，背面书"镜清砥平"。"二门"里有"戒碑亭",向北依次是大堂三楹,两翼为库房,堂前露台左右为快班房、壮班房,堂下为皂班房;静观堂(二堂)三楹;三堂三楹,有东西书房、厨寮;堂后为寝室七间,从房六间。露台前甬道左右有常平仓和监狱。雍正年间知县毛韶芳倡捐设立的普济堂32间和育婴堂12间,在县治前街南段路西。

坛庙

明清时代,东门大街是潍县城文教圣地,文脉延续到清末民初乃至解放前。东门大街东段路北为文庙,始建于唐贞观年间,元代重建、扩建,成为山东东部最大文庙。明清两代不断增建修整,更加宏伟壮观。名宦祠、乡贤祠、忠孝祠、陈太仆祠均附设庙内。庙门前有"文武官员军民人等至此下马"石碑,两座跨街木牌坊,东书"德配天地",西书"道冠古今"。每年二、八月上丁日,由地方主政者按古礼主持,名儒、生员参加的祭孔大典,延续至民国初年。

县衙西边城隍庙为"阴官"衙署,始建于明洪武年间(1368—1398年),成化二年(1466年)知县祝茂、县丞张杰倡召重修,清乾隆十七年(1752年)知县郑板桥又倡捐大修,并于庙前添建戏楼一座。庙设正殿、寝宫、两穿(侧)廊、两庑、过厅等。城隍庙门前,东西各有中军亭(楼),亭外跨街有两座木牌坊(又称牌楼),上嵌横匾,东题"福绥黎庶",西书"保障金汤"。庙前越街建一广场,可容数百人,广场南端戏楼隔广场与城隍庙大门南北对峙,戏楼面北朝庙,正中悬挂郑板桥所书"神之听之"匾额。

石佛寺又称"南寺",位于潍县县城东南隅,正门正冲城门,即南寺前街(今潍坊市中级法院院内),始建年代不详,北宋咸平二年(999年)僧人元德重修,初名"石佛寺",因明时迁外寺铁佛入而称"铁佛寺"。后因躲避战祸重雕石佛代替铁佛供奉。20世纪70年代,于石佛寺遗址建筑昌潍地区中级法院时,深埋地下数百年之"铁佛"重见天日,现于潍坊市博物馆馆藏陈列。

玉清宫俗称北宫,位于潍县县城北门外偏东,金大定年间道教宗师丘处机弟子尹清和建，初为道观，后奉帝旨扩为宫。主建筑为玉清殿、玉宝殿(又称玉皇殿)、三清殿，主殿为面廓五间硬山式建筑，雕梁画栋，蔚然大观。明居士徐从谨重修，栽柏树三百余株。现仅存玉清殿、玉宝殿。

文昌阁建于西城城墙东南角，由康熙年间举人于泽长、廪生刘潢等筹建，供奉文昌帝君，郑板桥曾书《文昌阁记》，刻石嵌于文昌阁壁。乾隆十五年（1750年），教谕邓汝贤倡议乡绅重修，添建官亭三楹于阁后。

关帝庙始建于宋代，是为祭祀关羽而建，坐落于胡家牌坊街，经元天历二年（1329年）和清康熙十五年（1676年）两次重修。

孔融祠建于宋徽宗政和四年（1114年）。由时任潍州太守韩浩、通判慕容公建在潍州公署后北墙（今向阳路中段古城墙开口处），并立"孔相祠堂之记碑"，同时建论古堂，将郑玄、韩熙载等30名贤达德义之士画像绘于堂中，合祀于堂，并立《论古堂碑》。元至正十一年（1351年），奉议大夫潍州太守王居义与北海县尹刘师让又重修。明成化十五年（1479年）潍县知县宋兑重修时，将孔融祠与论古堂合二为一，祠堂扩为五间，名为名贤祠。明万历十一年（1583年）潍县知县史善言将其移建至城西北角上，仍为五间。清康熙三十二年（1693年），潍县邑人丁汝奇将孔相祠和《孔相祠堂之记碑》《论古堂碑》一并移建于关侯庙西北侧。

明成化年间形成的"东关圩（俗称围子）"，起初设置6处圩门，都称"阁"，分别是三官阁、镇武阁、关帝阁、白衣阁、绿瓦阁、观音阁。清代康熙年间（1662—1722年）又增设玉皇、王母两阁，合称"八阁"。"八阁"砖砌石垒，拥有坚固狭长的门洞，而且于顶部起庙宇，请来神灵看门守户。清同治五年（1866年）完成东城修建后，"东关圩"墙因年久失修、残破不堪逐渐废弃，八座圩门却均原址保留，形成城内有门的格局景观。

"七楼八阁"建筑古色古香，各具特点，其中鱼店街西首绿瓦阁最具代表性。绿瓦阁，原称三元阁，俗名鱼店阁，系西北圩门，因阁上大殿殿顶全是绿色琉璃瓦而得名，明万历三十年（1603年）建成，清乾隆三十四年（1769年）重修，门台上偏北处建有三间北大殿，供奉关羽，两旁山墙及后墙分布着关羽生平题材的彩塑，俗称"山塑"。三官阁，系东圩门，明成化十九年（1483年）建成。门台上建有三间大殿，坐东朝西，道教天、地、水三官神像居中，两旁列《封神榜》诸神将，大殿以北另有一所跨院。门洞西墙嵌有一块刻石，上书"云台"。镇武阁，系北圩门，明嘉靖五年（1526年）建成，门台上大殿内供奉道教镇武大帝(即真武大帝)和龟、蛇二将。关帝阁，系东偏北圩门，明万历三年（1575年）建成，崇祯二年（1629年）重修。门台上建有三间大殿，坐北朝南，供奉关羽。大殿以西另有一所院落，供奉佛教菩萨观世音。观音阁，系西偏北圩门，明万历九年（1581年）建成。门台上建有三间大殿。殿内神龛供奉佛教菩萨文殊、普贤、观世音（俗称三大士）。殿门对面墙上有神座，供奉佛教菩萨观世音。殿外东南角有钟楼。凌云阁，又称白衣阁，系南圩门，明万历三十七年（1609年）建成，门台上大殿供奉观世音菩萨。东侧建有魁星楼，供奉道教魁星老爷。王母阁，系西偏南圩门，清康熙九年（1670年）建成。门台上殿内供奉道教王母娘娘，门台下另有一所小院，院内建有三间坐西向东的房屋。玉皇阁，系西圩门，清康熙三十七年（1698年）建成。门台上殿内供奉道教玉皇大帝，两旁供奉二十八宿神灵。

园林

清代乾隆、嘉庆年间，已有"小苏州"之称的潍县，社会安定，经济繁荣。城中缙绅悠游多暇，于城内城外纷纷建筑私家园林，藉以修身养性。据《潍县志稿》，金、明到清末，潍县著名园林，城里七处，城外十处，比较著名的有十笏园、南园、易园等。城内7处分布在东南隅3处，分别是南园，明嘉靖名宦刘应节（1517—1591年）所建；易园，清道光举人、慈善家杨玉相（1788—1861年）建；绿野斋，在松园子街路北，是道光时福建巡抚刘鸿翔（1778—1849年）住宅西南院。东北隅一处，即位于胡家牌坊街路北的十笏园，由潍县首富丁善宝（1841—1887年）建成于清光绪十一年（1885年）。西北隅三处，分别是:半亩园，在城内仓巷子路西，为

× 十笏园

清潍县富绅、义行家陈尚志（1673—1756年）在乾隆时期建成的晚年静养之所；叠石山馆，在城里北马道，为陈尚志孙、例贡生、光禄寺额外典簿陈阳敷的西院，后归丁善宝；颐园，在城里西门大街路北，为清光绪时福建巡抚张兆栋（1821—1887年）令其弟兆椿回乡在其住宅附近空闲地建成。这些园林，规模虽不大，但各有特色，多数是住宅后花园性质的园林亭榭。而南园，建在东南隅的塘子过道附近的天仙宫东，离刘应节西门大街住宅稍远。十笏园在城内胡家牌坊街，被誉为"鲁东明珠"，是我国古典造园艺术的一朵奇葩。园中有假山、莲池，春雨楼、砚香楼，山巅有蔚秀亭，池中有四照亭、漪岚亭。又有小沧浪亭、稳如舟亭、十笏草堂、深柳读书堂、秋声馆、静如山房。园虽小，而亭台山石具备，故名曰十笏园，意指园小而精美。其中楼台池馆之胜，为城中各园之冠，达官名士过潍县，无不来游。城外自怡园，初名南松园，系清嘉庆年间潍县富户陈迪耀建，始建面积约30亩。

老潍县园林中，论园外寻味、园内觅趣，闻竹声以萧萧、赏文墨而盘桓的，非南园莫属。据《潍县志稿·营缮志·园亭》："南园，在县署东南天仙宫东，明嘉靖时刘应节园也。天启时，归郭尚友。增构旧华轩、知鱼亭、松篁阁、来风轩诸胜。其孙饶州府知府一璐复加修葺。一璐侄伟业字质亭，伟勣字芸亭，均能诗工书，与县令郑燮为文字交，时觞咏其中。"[①]今园已无迹可寻，郑板桥曾在他的一幅《题巨幅竹图》题诗云："七载春风在潍县，爱看修竹郭家园。今日写来还赠郭，令人常忆旧华轩。"

易园在城内东南隅，清咸丰时杨文惠所建，因其"垒石浚池，半载而就"，成之较易，故名易园。园门面对城墙，与城上文昌阁迤逦斜对。园中花木池亭，亦有情趣。杨氏去世后，遂废。

湾塘

潍县城为建造城墙，需大量土方石料，便就近开挖取材，在城墙周围形成了前湾、后湾、南宫湾、柴家湾、杜家湾、蝴蝶湾、荷花湾、谭家湾、后苇湾等多处湾塘。而"九湾不显"所指较狭小水湾，因其藏匿于密集的街巷民居，不易被发现，分别是大十字口西北角的张尔忠故居内水湾、北马道杜家过道水湾、新街子路北巷内水湾、城隍庙后院内水湾、郭宅街养济院内水湾、塘子过道水湾、东门大街东岳庙内水湾和察院前街路南巷内水湾等。临湾城墙根处，建有排水暗沟，有闸门，城里水大时可开闸排到城外月河，若城外月河河水猛涨，因城墙相隔，大水不会漫进城内，有效保护了城内居民生命财产安全。

郑板桥与潍县城

郑板桥是潍县历史上的一个深刻存在。"七载春风在潍县"，以其才华横溢的"诗、书、画"三绝、清廉爱民的斐然官声政望，与潍县城牢牢地捆绑在一起。

---

① 常之英：《潍县志稿》卷八"营缮志·园亭"，民国三十年（1941年）刻本，第6页。

修城治阁。乾隆十一年（1746年），郑板桥自范县调署潍县，恰逢灾荒，饿殍遍野，遂"以工代赈"，活民无算。据《清列传·郑燮传》："官潍县时，岁歉，人相食。燮大兴修筑，招远近饥民赴工就食；籍邑中大户，令开厂煮粥轮饲之。有积粟责其平粜，活者无算。时有循（守法循理）吏之目（名）。"但是，雍正八年（1730年）因白浪河水患潍县城毁池损较重，"以工代赈"仅作权宜之计。乾隆十三年（1748年）秋，郑板桥又倡捐重修，首捐三百六十千文，合邑士绅里民捐银8786两，各烟店又公捐制钱120千文。据《潍县志稿》卷八，此次整葺城墙1800余尺，垛齿城楼，表里完整。乾隆十四年（1749年），郑板桥亲撰《乾隆修城记》："……潍县地界海滨，号称殷富，一旦有事，凡张牙利吻之徒，欲狼吞而虎噬者，潍其首（冲）也。（潍县城墙）前明末造，赖诸绅士蠲输之力，修造之功，知土城不足恃，易而石之。是以贼人屡窥，卒挫其锋，叹为无可如何而退。今之所修，不过百分中之二三分耳。量诸绅士，出之不难，举行甚乐。而本县先为之倡，首修城工六拾尺，计钱三百六十千，即付诸荐绅，不徒以纸上空名，取其好看。其余各任各段，各修各工，本县一钱一物概不经手，但聿观厥（落）成而已。乾隆戊辰九秋，郑燮题。"同年，潍县城隍庙经遭雨损。乾隆十六年（1751年），郑板桥倡捐重修。乾隆十七年（1752年）五月，郑板桥撰书《新修城隍庙碑记》（原为《重修城隍庙碑记》）。乾隆十五年（1750年），郑板桥还倡集士绅百姓，修葺墙颓宇损之文昌祠，州同陈尚志等响应。郑板桥照例作《文昌祠记》以记之。文昌祠工讫后，于祠下建状元桥。《潍县志稿》卷十载："状元桥，城东南角文昌阁下，清乾隆十五年，知县郑燮倡建。"

政声斐然。郑板桥于潍县衙署画竹题赠山东布政使、署理巡抚包括（钱塘人）："衙斋卧听萧萧竹，疑是民间疾苦声。些小吾曹州县吏，一枝一叶总关情。"郑板桥是这样说的，也是这样做的，他始终爱民如子、为政廉洁、两袖清风，且常以薄薪资困助学，迭逢囊中羞涩之窘。《署中无纸书状尾数十与佛上人》中写道："闲书状尾与山僧，乱纸荒麻叠几层。最爱一窗晴日照，老夫衙署冷于冰。"潍县地在北方，郑板桥坐署冬日县衙，却无柴薪之资，聊以南窗晴日窃取毫厘暖意。纸张匮乏，郑板桥借得诉头状尾写诗作文。主持筑城修庙等事，"一钱一物概不经手"。郑板桥十载县令，守心如初，洁身自好，不积宦囊，晚年以书画维持生计，赢得了百姓真心拥戴和千古回响的政望。去潍之际，百姓遮道拜别，画像为祀，立祠以祭。

"诗画"潍县。郑板桥政务之余，善作竹枝词，写尽潍县风光旖旎、坊间繁华和人世百态。民国二十年（1931年）石印本郑燮《潍县竹枝词四十首》，萃其精华，传之后世。"竹枝词"是百姓喜闻乐见的艺术形式，流传既广且远，时至今日潍坊人仍耳熟能详，极大地提升、拓广了潍县的美誉度。因郑板桥善画"兰草竹石"，潍坊城区遍植修竹、广布奇石成俗。郑板桥还与潍坊风筝文化结缘，其"春风荡，春城阔，闲逐儿童放纸鸢"，"纸花如雪满天飞，娇女秋千打四围；五色罗裙风摆动，好将蝴蝶斗春归"等描写潍县风筝的诗歌至今广为传诵。

总之，郑板桥于潍县城的影响，已超越"修城筑池、治庙葺阁"这些物质的存在，更自文化上、精神上、城市气质上烙上其印记，于城市空间演化、社会变革、文化丰厚等皆有贡献。

PART 10
第十章 近代潍县城

鸦片战争以后，烟台、青岛相继开埠，山东半岛进入半殖民地半封建社会。伴随着胶济铁路修建和潍县开埠，作为胶东半岛的交通枢纽的潍县迎来了新的发展机遇，从一个鲁东商贸重镇迅速发展成为鲁中乃至华北地区"都会"。美国著名学者施坚雅描绘的中华帝国晚期城市体系中，潍县是层级最高的全国二十个"地区都会"之一，也是行政层级最低的唯一县级城市[①]。晚清民国时期的潍县城表现出了与明清时期明显不同的特征，近现代化元素迅速集聚。

乐道院

谈起近代潍县城，不能不提乐道院。鸦片战争轰开清廷"闭关锁国"之门，西学东渐之风愈盛。北美长老会牧师狄乐播来到登州（今蓬莱），寄身于兄长狄考文领办的文会馆，研习中文、教授西学、传播"福音"。光绪七年（1881年）冬，狄乐播携夫人西上潍县。光绪八年（1882年）夏，购得城东南李家庄、虞河南岸一处静雅之地，次年建起乐道院，设教堂、学堂、诊所。光绪二十六年（1900年）五月二十九日晚，乐道院焚毁于义和团运动。1902年狄乐播申用"庚子赔款"等原址重建，用地拓至约200亩，1904年基本竣工，成为基督教传播、现代教育和西医诊所新基地。1942年，乐道院被日本侵略者征为外侨集中营，自1942年3月至1945年8月，

---

① 施坚雅：《中华帝国晚期的城市》，中华书局，2000年，第171页。

✕ 乐道院

先后关押英、美、法等近20个国家侨民2008人。诺贝尔文学奖获得者赛珍珠、美国《时代》《生活》周刊创始人卢斯等都曾在此度过一段童年时光。

开启潍县近代教育先河。乐道院于光绪九年（1883年）创立文华馆，又先后改为文华书院、文华学校、文华中学。光绪十一年（1885年），成立专收女生的文美书院，后改为文美女子中学。1922年设立"模范小学"，作为文美女子中学师范班教习基地。1926年，潍县增设高小班，正式定名培基小学。1931年，文华中学、文美女子中学和培基小学并为广文中学，取"文华、文美以联合而文益广"之意。大学教育方面，登州文会馆和青州广德书院大学部合并而成广文大学，于1904年迁址乐道院，时有"东方哈佛"之誉。1917年，广文大学再迁济南，与共和医道堂合并为齐鲁大学。文会馆还参与了其他大学创设，1898年清朝廷创建京师大学堂，资鉴文会馆、文华馆办学经验，选聘八名文会馆毕业生任数学、物理和化学等西学教习。1901年，文会馆馆主赫士博士率部分教师、学生至济南，沿袭文会馆课程设置、教材教具、规章制度等，助清朝廷设立山东大学堂。教育体系建设方面，乐道院设国文、数理化、历史、地理、生物、外语、音乐、体育等近代课程，编教材、置仪器、立制度，构建起小学、中学至大学较为完整的教育体系，成为中国近代教育起源、发端与样板之一。光绪二十八年（1902年）颁布《钦定学堂章程》（时称壬寅学制），光绪二十九年（1904年1月13日）朝廷颁布《奏定学堂章程》（时称癸卯学制），清廷确立了新学制。新学先行者——乐道院毕业生，成为潍县乃至北方兴办新学重要师资来源。彼时乐道院，汇集西方甲骨文研究第一人方法敛、英文版《中国大百科全书》作者库寿龄等国内外顶尖学者于此任教，邀请爱国将领冯玉祥、国学大师梁漱溟等著名人士临此讲学。

建立潍县近代医疗体系。乐道院诊所为胶东半岛实力最强西医院，1925年，"乐道院医院建筑面积达到2461平方米，病房设病床72张，楼内设有暖气、X光室、化验室、设备较齐全的手术室、内科、妇产科、小儿科、外科病房等，已能施行肾脏、肠穿孔、肠梗阻等腹部手术。到1928年，医院每日门诊量已达40~50人次"[1]，外科手术拓展至食道癌、白内障、胃穿孔等领域。1920年，乐道院医生张同信（又名张执符，毕业于文华书院、齐鲁大学）于潍县东关举办惠东大药房，专事西医药；1925年，增资扩股拓展规模，陆续创办惠东制药厂、惠东医院，发展为"诊疗、制药、供药"集于一体的综合性医疗机构。

推动潍县社会变革。乐道院学术氛围民主，演讲辩论自由，师生们汲取科学知识，探讨进步理论，一批具有近代意识、忧患意识和革命意识的"新青年"脱颖而出。同盟会的谢鸿寿任教广文大学期间发展成立同盟会潍县分会。全省最早的县级党组织——中共潍县执行委员会首任书记庄龙甲，注重在文华中学、文美女子中学

---

① 魏道源：《山东潍坊二中校志》，1993年，第71页。

师生以及乐道院工友、医务人员中开展革命活动；建立文美女子中学党组织；发展共青团员。

乐道院，仿佛一把钥匙，开启、助推、加速了潍县近代化进程，并反映至民生服务设施建设以及城市空间演化上。

胶济铁路

19世纪中叶以前，山东交通以河运和官路为主。1897年，曹州"巨野教案"爆发。德国以此为借口出兵占领胶州湾，强迫清政府签订《胶澳租借条约》。"胶澳租借地优势不仅在于其土地价值，而在于该海湾适宜于海港建设，尤其在于它拥有开发利用山东省丰富的煤炭资源和其他矿产的可能性，可以在人口密集、购买力很强的腹地为我们的工业创造一个销售市场"。"线路之建筑，须在最重要之潍县及淄川之煤矿，以及由他种意味应顾及对铁路货物有关系之青岛、济南府之重要都邑之间决定"，"设置济南府车站，关于与黄河之联络，以及一方至瓜州（镇江）方面之山东省南境，和他方至天津及正定方面之该省北境之铁路联络，须兼顾之"[①]。德国战略意图跃然纸上：将青岛作为贸易口岸、济南作为商品集散中心、潍坊和淄博作为能源基地，构筑以青岛港为核心、以胶济铁路为主干的"港铁一体"殖民掠夺经济体系。胶济铁路东起青岛，西止济南，始建于1899年，1904年建成通车，营业线路384.2公里，是横贯胶东半岛运输大动脉。1912年11月28日黄河大桥落成，德英中三国修建的津浦铁路（天津至南京浦口）全线通车，在济南与胶济铁路交轨，山东再添一条南北交通干线。胶济铁路和津浦铁路通车后，绝大多数传统商路如陆运商路、运河商路渐趋衰微，铁路作用日趋凸显。德国当局实行胶济铁路低运费策略，津浦铁路不但没有威胁到青岛港货源，反而烟台经济地位也为其所夺，青岛港腹地向鲁北和鲁南延伸。此前，山东对外贸易主要依赖烟台、天津、镇江三大口岸，胶济全线通车后，济南、周村、潍县等区域性贸易中心成为青岛港连接经济腹地的枢纽，形成

---

① 王守中、郭大松：《近代山东城市变迁》，齐鲁出版社，2011年，第198页。

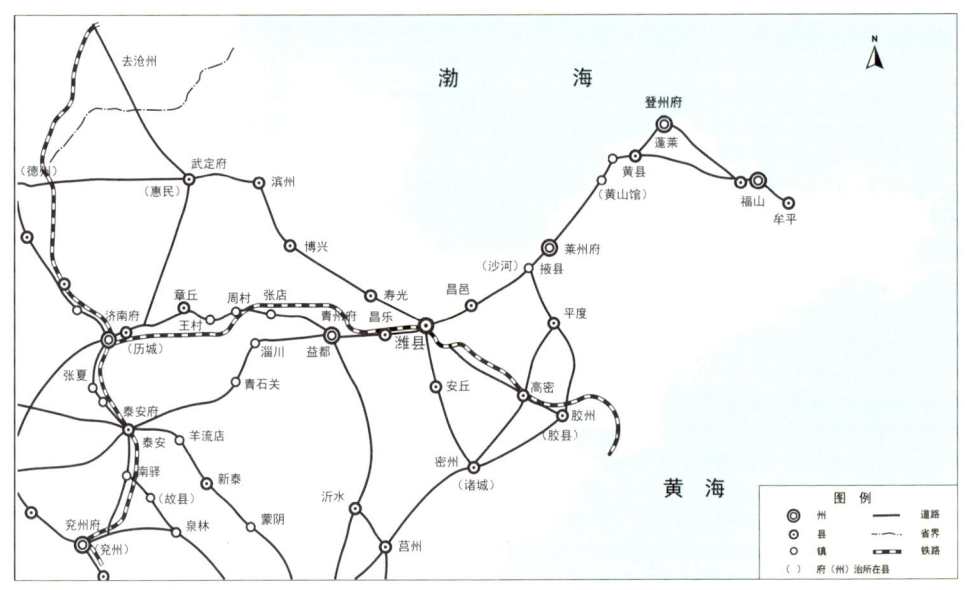

✕ 图 10-1 1923年胶济铁路及主要公路示意图

了以胶济铁路为轴线、青岛港与腹地交互作用的经济发展新格局，传统经济地理被颠覆，东强西弱新态势显现。这是交通方式变革带来的交通重心变迁进而颠覆原经济地理格局的绝佳例证。作为胶济线过往人员商货必经之地，潍县贸易随之改为以青岛、济南为主要目标市场，逐渐成为胶济铁路沿线土货、洋货集散地。

胶济铁路开通极大地活跃了山东交通运输业，"铁、公"联运需求迅速增强，公路交通网络构建进程加快。1921年，烟潍公路修成通车，为当时高水平现代化公路。1927年，建成潍道公路（潍县至蒲台县道旭镇），途径寿光、广饶、博兴至蒲台县境黄河东岸道旭镇，是胶东各县南通京沪、北通平津重要国道。另一条重要公路是台潍公路（潍县至台儿庄，即潍徐路），全长445公里，经昌乐、安丘、诸城、莒县、沂水、临沂、郯城至台儿庄，沟通鲁东与鲁西南地区。"自胶济通车，烟潍台潍筑路，形势顿为之变。沿胶济路可东抵青岛与海运衔接。西至济南与津浦联络。经烟潍路可抵莱州、龙口、烟台，与半岛各县相沟通。历台潍路而至安丘、莒县、沂水、临沂、台儿庄，与津浦支路及大运河连贯"①，形成了"港、铁、公"联运交通格局，扩大了以港口为中心、以潍县为枢纽的商贸网络覆盖范围。现代交通工具取代肩挑驴驮等古老运输方式，运量、运速和货物交流范围迅速扩展，大规模、长距离商品流通格局逐渐形成，潍县与外地物资和人力交流、信息沟通，以及由此而引发的思想观念转变等，有力地促进了潍县工商经济发展和城市现代化。至20世纪30年代初，"潍县经济地位之重要，胶济沿线，首屈一指"，省内除济南、青岛、烟台三城外，其他各城镇，"工商各业，实无出其右者"②。

潍县开埠

甲午战争后，中华民族危机日重，清政府为挽救危局决定"自开商埠"。正如总理衙门《自开商埠办法》所说："自开商埠，与约开通商口岸不同，其自主之权仍存未分。"③清政府在自开通商城市仍行使完全主权。1903年9月，商约大臣吕海寰提出"大开商埠"，清政府即谕令各省督抚详细勘察，如有形势扼要、商贾荟萃，可自开商埠之处，随时奏明办理，中国呈现出近代史上广开商埠局面。为阻止德国势力借助胶济铁路向山东内地渗透，山东当局主动利用新建铁路优势自开商埠，振兴民族实业，与列强"商战"。1904年5月24日清政府外务部批准潍县于1904年5月19日起辟为商埠，1906年1月1日举行潍县开埠典礼。潍县是近代中国自开商埠内陆城市之一，潍县、周村作为济南分埠与其同时开埠，这在中国近代史上绝无仅有。

潍县开埠后，将南至火车站、北至坝崖、西至大马路（今和平路）、东至白浪河，略呈长方形，1000余亩土地辟为商埠区（见图10-2）。"青岛、烟台进口洋货及内地出口土货皆以此为集散中心"④，潍县成为鲁中地区商品流通中心。不久，德

① 叶汉明：《十九世纪末潍县的社会经济变迁》，载《文史哲》，1989年，第27-35页。
②《胶济铁路经济调查报告》，胶济铁路车务处，1933年，分编三·潍县。
③ 廖一中，罗真容整理：《袁世凯奏议（中）》，天津古籍出版社，1987年，第526页。
④ 王明德：《近代潍县的崛起与区域商贸中心地位的形成》，《潍坊学院学报》2016年第5期第16卷。

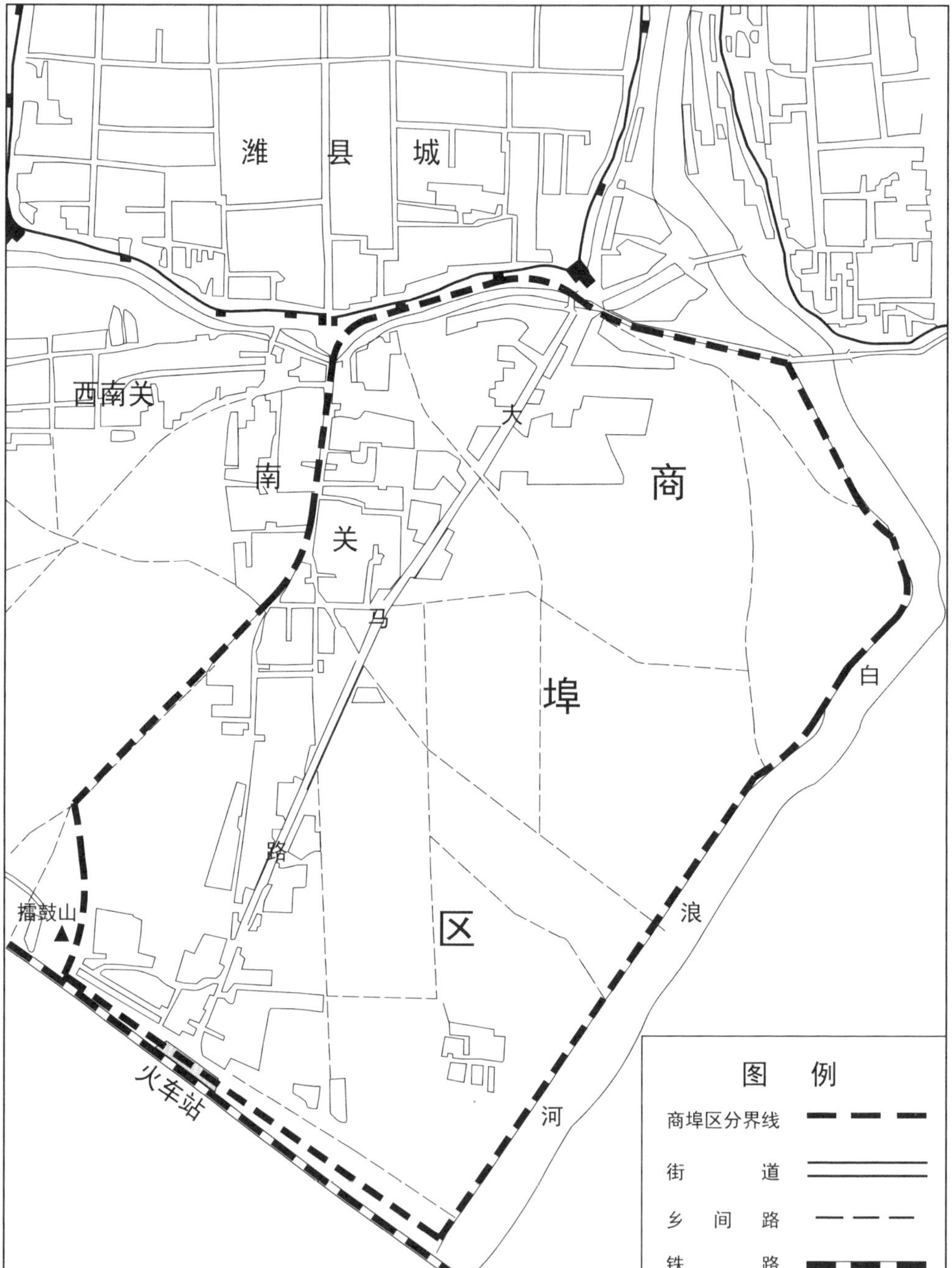
潍 县 城
西南关
南
关
大
马
路
商
埠
区
白
浪
河
擂鼓山
火车站
图 例
商埠区分界线
街 道
乡 间 路
铁 路

图 10-2 1904年潍县开埠区示意图

国设立潍县领事馆。外资机构主要集中在商埠区，即南关火车站附近，如日本南信洋行、小板洋行，美国美大公司以及英国、荷兰合办的亚细亚油栈等。洋行经销广泛，涉及机器、五金、煤油、烟草、棉布、砂糖、火柴、医药品等，还收购出口农产品、手工产品和其他原料，潍县被纳入资本主义世界市场体系。

对外贸易"引擎"又加速了潍县工业化的兴起。传统手工业（手工艺术品除外）要么被淘汰，要么向近现代工业转型。新兴手工业如草辫业、花边业、发网业等因适应外贸需求而迅速崛起。

对外贸易"引擎"也推动娱乐、金融、电讯等近现代服务业繁荣起来，永乐大戏院、县办长途电话局、商办电话公司、邮政事业等纷纷开办。民国四年（1915年）中国银行在潍县设立分行。20世纪20年代以后，各大银行纷纷进驻潍县，先后有山东银行、交通银行、山东省银行、中国银行、上海实业银行等设立分支机构。潍县旧式钱庄也开始向现代银行转型。

与工商业发展相伴相生，潍县城市化现代气息日渐浓郁。首先是交通、桥梁等市政设施的修筑。1902年，胶济铁路修至潍县城南约1.5公里处，潍县城区与火车站唯一一条道路（始称大马路）开始修建，即现在的和平路火车站至胜利街段。潍县城隔河相望的双城结构特征，决定了桥梁的重要作用。1923年，潍县绅商丁玉堂捐资募建了东关奎文门外保安桥，这是白浪河城区段最南端桥梁。1933年，县长厉文礼主持修建了跨白浪河连接主城朝阳门与东关庆成门的钢筋混凝土大桥，"桥凡四孔，桥身总长77公尺，宽6公尺"，名为朝阳桥（今东风桥）。第二年改建东关通济门外兴龙桥，"改用钢筋混凝土，桩面铺花岗石"，易名通济桥。三座桥梁使东关与城里成为通衢。此前的1929年，县政府还整治了城区主要街道，集中拆除了位于城区主要道路上的35座牌坊。据《潍县志稿》，民国初期仅潍县城区内牌坊即60余处之多。当时的潍县县长张凤乔在政府训令中称："窃查潍县当胶济中心，商贾辐辏，道路狭隘，于交通殊感不便，而牌坊一项尤为大障碍，且破梁断柱，危险甚虞。经敝会议决，将所有牌坊择其位置要冲，有碍交通及残缺不完势将倾废者完全拆除，并将所拆石料运至小石桥作修桥之用。"①此外，商业活动密集的东关绿瓦阁鱼市街一带却道路泥泞，遂于1931年新建石路一条，"阔丈五，长十有五丈，用石八百余方"，城区交通条件大幅度改善。通信、照明、排水等现代基础设施开始出现，城市功能更加完善。

其次是城市商业街区改造。主城朝阳门外以北坝崖街一带，东濒白浪河，西临城壕，该地商铺频被洪水冲毁，遂于1921年开始填壕筑路工程，"将城壕废地令附近商家各自垫平，推广基址，建立房舍，以期发达商业"，当年竣工。1933年扩建朝阳门外以南南坝崖商业街区，"于东门外迤南拆除拦马墙，填筑沙坝九百三十一公尺，工费银圆六千五百十七圆"②，地皮分段招标出卖，导入商业资本建起档次较高的南坝崖商业街。改建南、北坝崖商业街区大大扩展了白浪河西侧潍县城商业空间。与此同时，拓宽整修连接南坝崖商业街与火车站的大马路，铺石板、镶路牙石，两侧植以绿化，中外企业纷纷落户道路两旁，华丰机器、惠东制药、东方烟草、信丰印染、颜料公司以及翻砂铸造等陆续开张，新的城市格局初步形成。

近代工业

开埠、对外贸易、现代教育以及交通物流等多种因素综合作用，为潍县带来了现代理念、机器化生产方式和科学技术应用，传统手工业转型，机器制造业破冰，外商投资企业增多，潍县近代工业开始发轫。

面对"洋布"市场压力，潍县城东部区乡原本蓬勃发展的棉织业主动或被动转型，开始以脚踏式铁轮织布机替代传统的木织机，继之以动力机械织布机，布匹品种拓展至格子布、斜纹布、灯芯绒等，产品品种、质量和成本等核心竞争力提升，产量和市场占有率扩大，反过来又增强了织布机器需求，促进了近现代机器制造业

---

① 常之英：《潍县志稿》卷八"营缮·牌坊"，民国三十年（1941年）刻本，第28页。
② 常之英：《潍县志稿》卷八"营缮·桥梁"，民国三十年（1941年）刻本，第12页。

的发展。伴随着织布工业化水平提升，1935年潍县城布庄达275家，年经营额达800万元。

民族资本、民间资本、外国资本纷纷参股入局，为传统手工业向近现代工业转型，尤其是近现代机器制造业新生起到了催化剂的作用。1920年2月华丰机器厂创设，创始人为滕虎忱，股东6人，原始股本3000元，资本随着经营迅速增加，生产救火机、弹花机、轧花机、织布机、水车等，是潍县近代机械工业之肇始，带动了潍县境内织布、印染和机械等近代工业发展。1932年秋，华丰机器厂试制成功第一台15马力柴油机，为华北地区生产的首台柴油机，潍县成为继上海之后，我国能够生产柴油机的第二个城市。

日照民族企业家马惠阶1918年于坊子二马路西段路北创办"坊子电灯公司"，1923年初在南关后伙巷路东购菜园地约1亩创办"坊潍电灯公司"，开启潍县近代电业。

外资在倾销产品的同时也开始在潍投资近现代工业。1913年，英美烟草公司在潍县廿里堡成立，从美国弗吉尼亚州引进烤烟（黄烟）品种，在潍县境内南部农村试种成功，逐年扩大种植规模。1917年，英美烟草公司在潍县廿里堡设烤烟厂，复烤黄烟，成为中国最早的烤烟厂，原厂址北厂区现在已成为文化创意产业园区。

近代工矿小镇——坊子

在潍县城日新月异的同时，晚清民国时期最引人注目的是坊子镇因矿兴起。坊子位于潍县城南15公里处，原是"前后张路院、南北宁家沟"的村落地带。1901年，德国人在前宁家沟开凿第一口煤井，因紧依坊子店客栈，遂取名"坊子竖坑"，火车站也命名为坊子站。德国人大兴土木、矿业，各地劳工移民至此定居务工经商，火车站南侧地区日益兴隆，市街规模不断扩展。1904年，清政府设立地方行政管理机构，辟为商埠城，称坊子镇。1914年日本人占领坊子，直到1945年投降，德日霸占坊子 48 年之久。近半个世纪里，殖民者在这里修建了各种工业和生活设施，形成了"南北三条马路，东西十里洋场"的殖民繁荣。

1897 年德国侵占青岛后，在坊子设电报支局。次年，德国人攫取坊子煤田开采权。1902 年 6 月胶济铁路修至潍县、坊子。德国人以坊子东西向铁路主线和连通南侧矿井的煤矿支线为发展轴，以文化街和三马路为道路骨架，分为铁路区、南北煤矿开采区和华欧生活区。

德占时期，胶济铁路沿线 55 个车站中，青岛、济南、张店、坊子是 4 个高等级车站（二级站）。坊子站铁路区构成完善，建有候车室、站台、货场、火车机车库房、机修厂、手摇转盘、给水所、水塔、煤仓等。

从 1901 年到 1911 年，坊子南北煤矿开采区面积约 5 平方公里，是当时中国煤田面积最大矿区之一。除配置完善的作业设备，如竖坑、洗煤厂、炼煤厂等，德国还驻扎军队以维护矿区安全。

德国人在坊子施行"华欧分区"，欧人区与华人区以文化街为隔离带。欧人区面积约 0.3 平方公里，道路呈方格网状，街坊尺度宜人，建筑间距适中，绿化精致。区内设德国领事馆、德军司令部、德军北大营等驻坊子行政、军事机构，建造供官员、职员居住生活的豪华别墅，还配置教堂、医院、邮电局、旅馆、学校等公共设施。德国人对煤矿和铁路警惕性较高，欧人区选址一方面能够扼制煤矿输出通道，另一方面能够与本土乡人（张路院、宁家沟）保持一定距离，体现了德国人对殖民者地位的强调和对煤矿运输、管理及欧洲人安全的考量。华人主要聚居在火车站南侧，伴随着经济发展，人口不断集聚，华人生活区慢慢向外蔓延，形成了一马路、二马路、三马路。华人区内建筑杂乱无章，多以商铺和生活性住房为主，没有学校、医院、邮局等公共服务设施。

坊子德国建筑充满了德意志民族风格。居住和公共建筑平面形态虽不规制，但大多方方整整，以二层居多，结构上常常底层用砖石，楼层用木构架，构件外露，装饰效果强，外墙多为水泥拉毛，并以鲜亮的彩色砂浆粉刷，壁柱、上楣、窗户四

✕ 坊子火车站

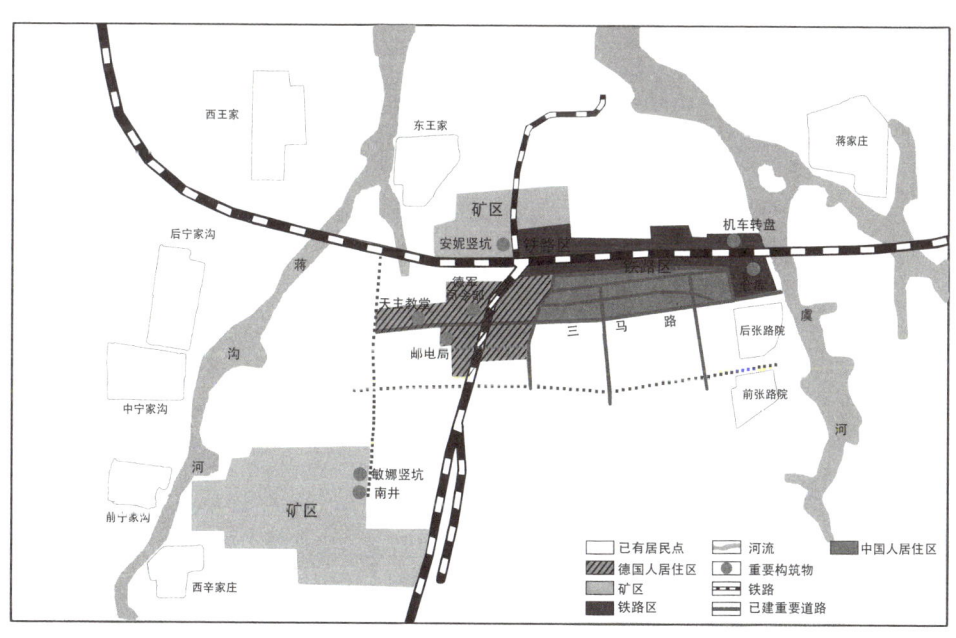

✕ 图10-3 德占时期坊子镇区图

周、拱门、柱子用马牙错的花岗岩装饰或用砖砌形式强调线条，屋顶大多采用跌檐式和双坡屋顶组合形式。注重保暖通风采光，建筑节能效果好。交通、建筑布局严谨，结构逻辑清晰。坊子火车站，继承德国本土沿街建筑传统手法，在山墙尖及局部用红砖和粗石装饰。

1914年，第一次世界大战爆发，日本向德国宣战，同年9月日本人占领坊子煤矿，是年冬，占领胶济全线。日据初期，主要采取工商资本输出的侵略方针，坊子是其在山东扩张和中小资本经营要地。1922年，迫于中国政府与民众强烈反对以及美英斡旋，日本不得不作出妥协和让步，中日签订《解决山东悬案条约》，明确胶济铁路、坊子、淄川、金岭镇主权归中国所有，由中日合资组建"鲁大公司"管理经营，坊子煤矿产量逐渐恢复、提升。伴随着煤矿输出、交通发展和人口集聚，大量农产品、烟草、土布等开始陆续在坊子站集聚，坊子由单一煤矿资源输出转变为兼具商品中转与资本输出。"七七事变"后，山东沦为日占区，日本对国民经济各部门实施国家资本绝对控制，坊子作为山东腹地重要煤炭与物资集散地，日本投入大量资本用于煤矿开发、铁路线与电力网铺设，坊子成为日本重点掠夺的"兵站基地"。

日占时期，已有城镇结构、功能分区进一步扩展，形成依托火车站，东西向与铁路平行，南北向贯穿街坊的棋盘状道路城镇格局。城镇功能分区保持了原有铁路区与矿区，取消华欧分区，并在生活区内发展商业中心、教育、文化与工业设施。

铁路区运作与管理沿用德国人建造的设施，同时为满足大量输出煤炭及输入工业品的要求，在坊子增修股道，设立调车场，成立机务段。

1914年日本控制矿区后，因矿井被水淹没，加之地质构造复杂，不宜大规模开采，日本遂将矿区划为东、西、南、北、中5部分分租给日本人掠夺性开采，小煤井遍布，疮痍满目。

文化街以西原欧人区没有明显扩展，但街坊内部绿地被大量居住建筑填充，日本人增建了日侨住宅、职工宿舍、学校等。文化街以东原华人区，由于人口增加以及商业活动频繁，街坊内建筑密度越来越高，为增加沿街商业店铺，南北向道路间

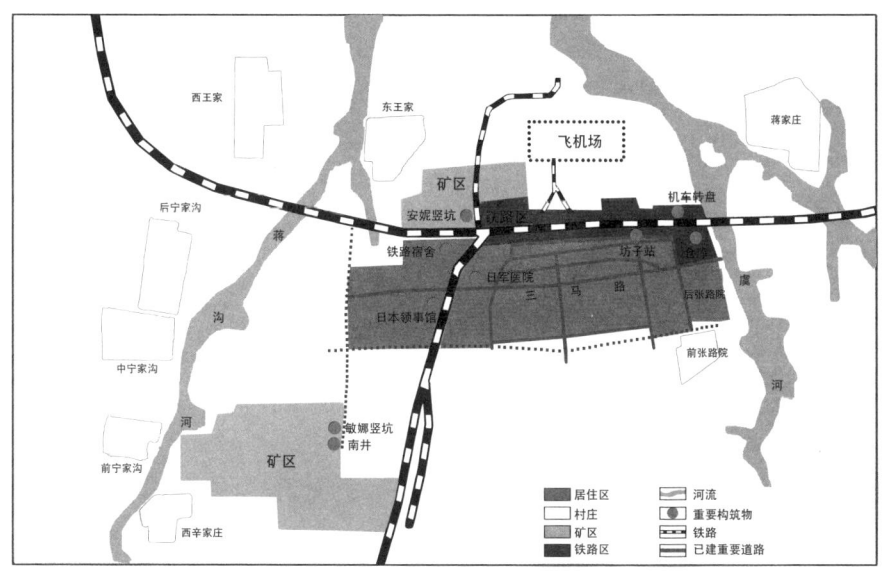

× 图10-4 日占时期坊子镇区图

距仅为50—100米。

随着商业类别和商铺开设数增加，沟通煤矿支线东西两侧地块的二马路、三马路成为商业和服务业中心，实有"十里洋场"之象。

伴随中西方经济、文化对撞交流，坊子逐步出现新式公共建筑，如建于1917年的坊子模范小学，建于1927年的胶济铁路坊子小学，以及成立于1935年的得一医院等。

1917年华侨简兆南、简兆稽在坊子火车站南创办"南洋兄弟烟草公司"。1938年，日本人在二马路路南、文化街东侧设立电灯公司。

日占时期建筑反映出更多日式风格与本土建筑结合的特征。居住建筑多为砖木结构，平面简单，双坡屋顶，少数为和式屋顶，人多挑檐，檐口有两到三层线形齿状砖饰。红砖砌墙，水泥砂浆抹平，较德建建筑体量略显矮小，风格较单一，建筑内部装饰则成和式风格。

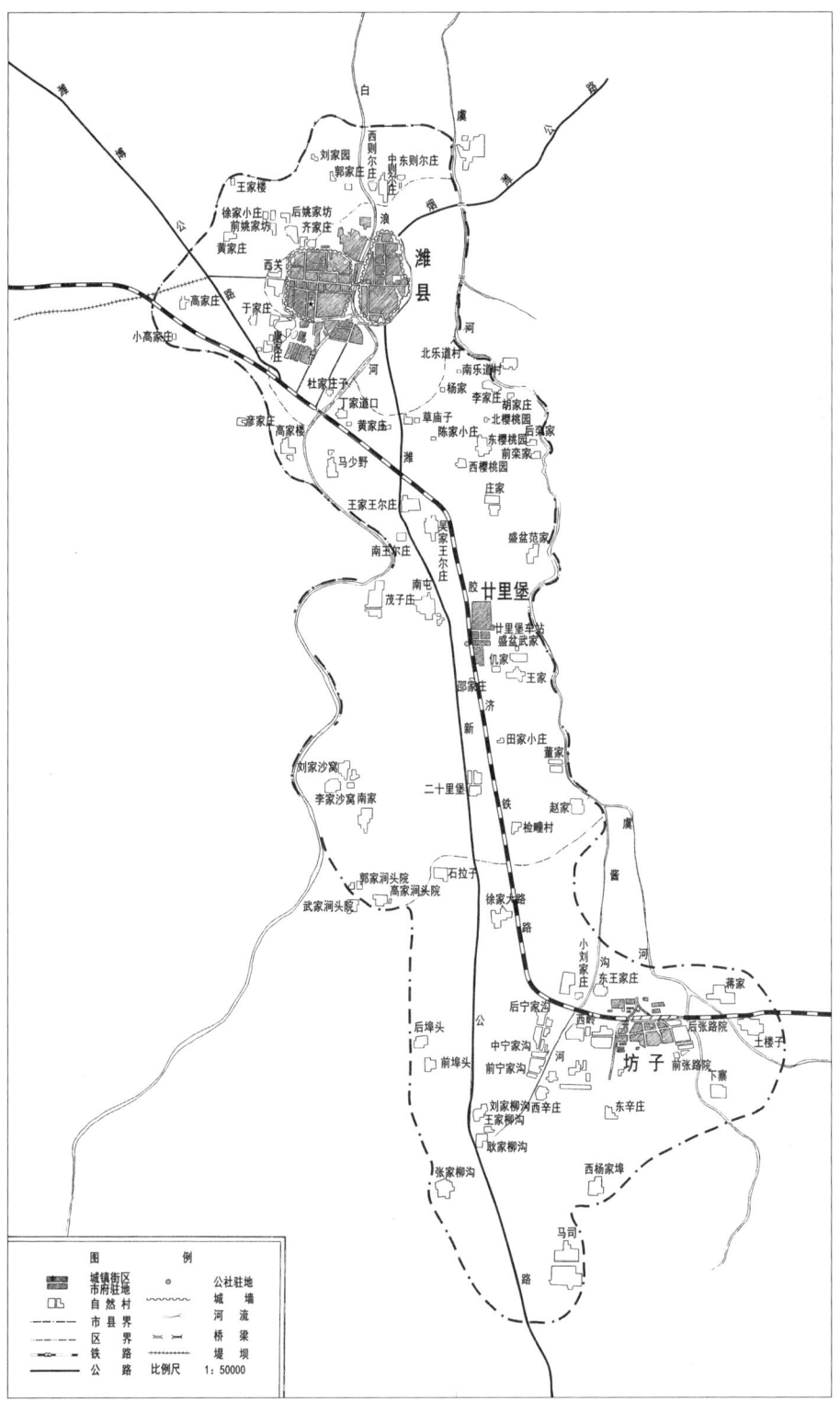

× 图10–5潍坊特别行政市范围及"双城一镇"结构示意图

✕　日本占领时期生活区官员住宅

"双城一镇"

　　城镇空间格局是经济社会发展，尤其是生产力布局在地域空间上的客观反映。因胶济铁路修建而带动潍县开埠和坊子镇迅速崛起，使潍县城呈现出独特的"双城一镇"空间布局结构（见图10-5），这在中国开埠城市中可能是独一无二的。

　　首先是胶济铁路修筑影响。胶济铁路是山东境内首条铁路，促成了潍县开埠，促进了潍县"两城一镇"格局形成。潍县商埠为内陆通商区，开创了近代中国内陆中小城市自开商埠、对外开放先河。胶济铁路为煤炭及机器运输提供了方便，使得部分煤矿可以采用全新采掘技术，极大促进了坊子煤炭工业发展，进而带来了城镇商贸活动的集聚和繁荣，使坊子镇成为有着较大影响力、吸引力和凝聚力的周边区域物资集散地和商贸中心。

其次，是坊子资源禀赋及外国列强侵略势力影响。因觊觎坊子煤炭资源，坊子镇建立伊始就充满了军事意图和殖民色彩。坊子镇职能在这一时期内基本定型，首先是德日侵略者的军事据点，更是西方列强侵略者在胶东半岛的重要煤炭资源输出地以及辅助性交通枢纽，但随着坊子镇自身发展，在集聚了一定人口规模后也开始发挥小型商贸集镇职能，承担潍县及坊子周边货物和少量客流集散，其职能不断得到扩充和完善，逐渐成为潍县"卫星城"。

地域结构

城市地域（空间）结构是城市本身社会经济结构的空间投射。豪绅巨室麇集、工商两业发达无疑是近代潍县最为突出的特征。晚清民国时，城市处于由传统社会向近代资本主义社会转型时期，城市产业和用地类型不能用今天标准明确细分，只能粗略统计主要的居住、商业和工业（包括作坊工业）用地类型，以期探究潍县城区大致空间布局结构。

首先，城区居住用地空间分布。潍县城最有代表性的当属以丁、郭、陈、张四大家族为主体的士绅阶层。早在明清时期这四大家族即广泛涉足潍县社会各个方面，如建书院、修城垣、赈灾民、建桥梁等。乡间良田万顷，城内华屋千间，成为潍县极具影响力的社会群体，有北海士族之遗风。郑板桥竹枝词"连云甲第尚书府，带宅园林太守家。是处池塘秋水阔，红荷花间白荷花"，揭示出这些豪门大族华屋连绵的实况。至晚清民国时期，四大家族中以丁氏一族为盛，家族住宅多分布于潍县城东北隅。据丁氏后人丁伟志回忆，仅位于胡家牌坊街丁四宅即有房产400余间，其间雕梁画栋，回廊承阿，是潍县城头号大宅门。宅内十笏园更是我国江北至今唯一保存完好的苏州园林，有"丁半城"之称。郭氏家族最初居于城内东门里，随着丁口繁衍，宅第逐步扩展至郭宅街、棋盘街、松园子街、南巷子、南门里等街区，尤以郭宅街最为集中。相对丁、郭两家，晚清民国时陈氏与张氏已相对没落，但仍旧是潍县城望族，拥有众多房产。陈氏一族居住地较为分散，主要在北门里大街。始建于嘉庆年间的陈氏家庙位于北门大街中段路东，陈介祺卸官归乡后移居增福堂街。此外小十字口附近亦有陈氏族人居住。张氏一族则主要聚居于西门里大街一带。丁、郭、陈、张四族居所，无一例外均坐落于主城之内，分别占据着主城区四隅。城区内其他商人和普通百姓则多聚居于东关城和主城关厢。

其次，商业用地空间分布。近代潍县工商各业发展多肇始于民国初期土布业兴起，潍县"主要商品交易以布业为大宗，东关为布匹集散之场所"[1]。据1934年调查统计，潍县城区布庄190家，"设庄地点多集中丁潍县县城东关圩内"，特别是下河街一带。金融业较为发达，分银行、钱庄、线庄三类。1933年，潍县有中国银行、交通银行和中国实业银行3家，均位于东关大街（今交通银行潍坊分行一带）。钱庄8家，全部位于东关城内，尤以同和诚号规模最大。另有线庄24家，专以布贩布商存放款为主营，经营地点大部分设在东关。潍县规模较大百货店有15家，分布于城里东门大街5家，白浪河西侧北坝崖街5家，东关大街4家，东关下河街1家。染料庄11家，主要集中在东关下河街两侧。潍县商业还有嵌银9家、酱园店6家、点心店20多家等[2]，多与居民生活有关，分布比较分散。有必要一提的是，白浪河东岸沙滩是潍县大集所在，以农历二、十为集期。晚清民国时期，其规模与长山县周村人集并称山东两大市集。"鲁省商业习惯，集市之制最盛……潍县、周村两处，每逢集市，万商云集，竞为批发贸易，四方居民之赶集者，亦摩肩接踵，道路为塞，洵盛事也"[3]。由此可见，潍县城区东关，特别是东大街、下河街和城里东门街一带是潍县商业最集中之地。

再次，工业用地空间分布。由于土布业发展，潍县染坊业兴盛，与周村并称山东染坊两大中心。1930年代初，"潍县有染坊三十家，因该县产布最盛，所有染坊皆

---

① 《山东潍县之织布业》，《工商半月刊》1934年第一期，第43页。

② 胶济铁路车务处：《胶济铁路经济调查报告（分编三·潍县）》，1933年。

③ 实业部国际贸易局：《中国实业志·山东省》，1934年，第563页。

坊名	地址	资本	职工数	年产值	坊名	地址	资本	职工数	年产值
广兴福	西关	600	10	1500	恒义信	东北关	1000	13	2500
双盛公	东关	300	3	900	益聚永	坝堰街	1000	7	2500
丰聚号	东关	300	5	900	德盛号	城里	800	5	2200
利盛号	城里	300	6	900	永盛号	城里	800	7	2200
天祥永	城里	200	2	300	义和号	东关	500	3	1500
和兴号	城里	200	4	600	洪兴号	东关	8000	20	9000
泉盛永	南关	200	3	600	全盛号	东关	5000	16	6500
庆和义	南关	150	2	300	利源涌	东关	5000	17	6000
永泰和	城里	150	3	300	义兴号	东关	5000	13	5500
仁和永	北关	150	3	300	复兴涌	东关	4000	13	5400
宏盛泰	东关	1500	12	3000	源兴祥	东关	4000	16	5500
和生德	东关	2000	13	3000	瑞兴号	东关	3000	12	5400
德茂涌	东关	1500	12	3000	同盛号	东关	2000	11	4200
同顺泰	东关	1500	7	3000	天增涌	东关	2000	10	3500
广盛复	东关	9	1000	2500	文兴号	东关	1500	11	3000

✕ 表10-1 1930 年代初潍县染坊一览

说明：资料来源为《中国实业志山东省》，1934 年。其中"资本"和"年产值"两栏的单位均为"元"。

以漂染布匹为主"[①]。潍县30家染坊无一例外坐落于城内，其中东关18家，主城6家，西关、北关、东北关、坝崖街各1家（详见表10-1）。除手工染坊外，潍县还有3家规模较大的机器漂染厂，其中以大华染厂为有名。大华染厂有职工109名，位于东关后门街。德信亨工厂除漂染外，还兼带织布，有职工70名，位于东关北大路。元聚漂染厂有职工46名，在东关南门里。潍县土布业发展还促进了铁工厂兴起。1933年，潍县规模稍大铁工厂10家，各厂之出品，以脚踏织布机为主，年凡七千四百台，占

---

① 实业部国际贸易局：《中国实业志·山东省》，1934 年，第589 页。

其全出品总值百分之七十三"[1]，7家位于东关，3家位于由火车站通往城区大马路旁。潍县还有面粉厂、火柴厂、印刷厂、电灯公司等数家。5家机器工厂3家位于东关，加之上文所述位于东关的3家漂染厂和7家铁厂，则东关仅机器工厂就有13家，东关一带无疑是潍县近现代工业集中之地。就作坊而言，除土布染坊之外，当属油坊和洋瓦厂为多。1930年代初，潍县城区有油坊12家，其中位于主城有3家，设坊于东关有5，南关、西关者各2家。潍县还是山东洋瓦制造业最为集中之地，1932年共有洋瓦厂7家，5家设于潍县火车站附近，另外2家位于县城东北关和则儿庄附近。洋瓦厂都靠近白浪河附近，便于取用白浪河砂。

　　以上是对潍县县城用地空间结构的定性描述，我们还可从城区人口空间分布定量分析验证空间结构特征。2012年，李嘎先生曾用美国著名学者施坚雅提出的"城市人口性别比"理论，研究晚清民国时期潍县城地域结构特征[2]。施坚雅认为，城市不同用地特征对应不同人口性别比，就城市商业中心区而言，把家眷留在家乡的外籍男人占比高，再加上大量未婚青年徒工，这一地域性别比明显失衡，而正常居住区男女性别比例应大致平衡，性别比介于两者之间的则大体对应今天所谓"混合型用地"。从图10-6看出，李嘎先生通过对潍县城区户口数及人口比例分析（见表10-2）所得出的结论与前述定性描述基本一致。括言之，晚清民国时期潍县城居住、商业、工业三类主要用地分布规律大致为：商业用地主要分布在白浪河两岸，即主城区南、北坝崖街和东关下河街、东关大街一带；工业用地主要分布于东关东部和南关两个区域；而居住用地则主要分布在城里及其周围关厢以及东关东北隅一带，而且城里居住的主要为士绅望族，东关聚居者大部分为商业和手工业者。

　　再辉煌的成就也终究成为过往，因为有新的辉煌在前头召唤。1948年4月2日潍县战役开始，4月27日全城解放。4月29日中共潍坊特别市委、潍坊特别市政府成立，

<hr>

① 实业部国际贸易局：《中国实业志·山东省》，1934年，第560页。
② 李嘎：《潍县城：晚清民国时期一个区域性大都会的城市地域结构》，载《中国历史地理论丛》第27卷第4期，2012年，第111页。

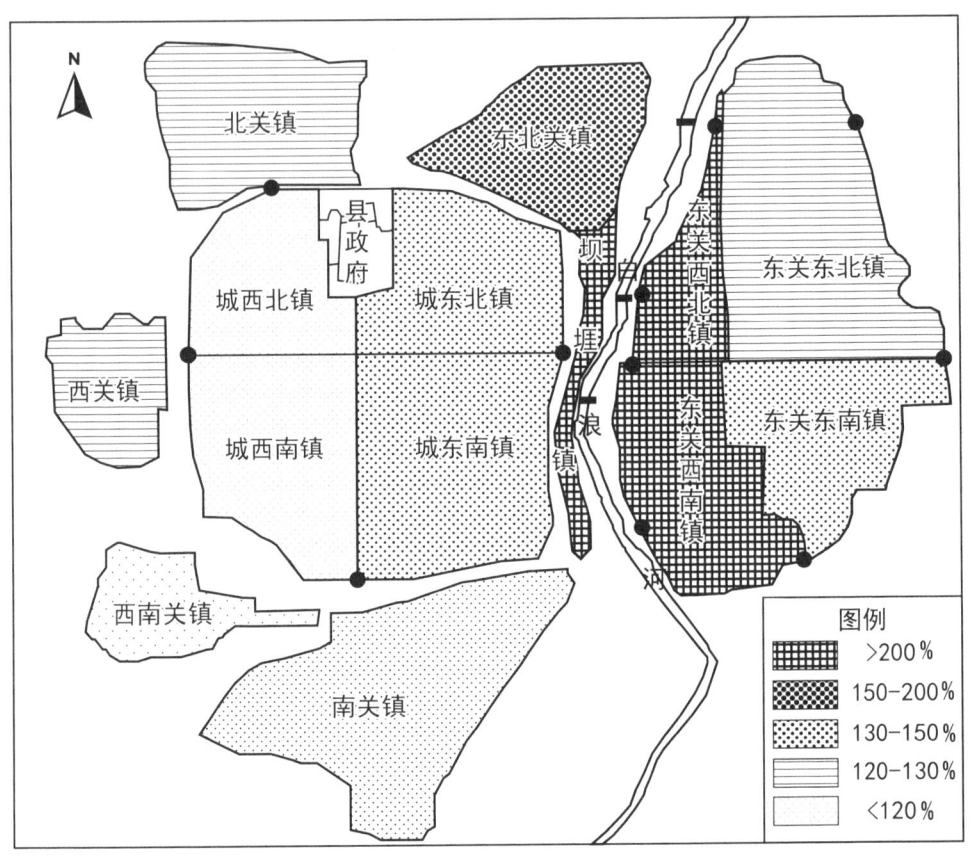

※ 图 10-6 1932 年潍县城区 14 镇人口性别比空间分布异示意图

说明: 本图根据李嘎《潍县城: 晚清民国时期一个区域性大都会的城市地域结构》绘制

由山东革命根据地潍县城、坊子矿区析置而来。6月，昌潍专区设立，驻昌乐，辖昌乐、潍县、安丘、寿南、益临5县。12月，省辖益都县划归昌潍专区。1949年7月，专区机关迁益都。潍坊特别市的成立，标志着潍坊城市发展迈入中国共产党领导下的崭新历史阶段，呈现出人民当家作主的新的时代风貌!

当我们回顾历史，深切感受到城市空间结构归根结底是经济社会发展成果于地理空间上的投射。展望未来，我们坚信，城市空间格局必将反作用于经济社会发展。作为规划人，应当前瞻性研判更加适合未来人居环境改善和现代产业发展的城

乡镇别	户数	男口数	女口数	男女口数	男女性别比（%）
城东北镇	1077	3538	2715	6253	130
城西北镇	1006	3974	3410	7384	117
城东南镇	987	3888	2991	6879	130
城西南镇	977	4012	3656	7668	110
北关镇	709	2304	1905	4209	121
东北关镇	1245	4072	2675	6747	152
坝堐镇	324	1709	35	1744	488
西关镇	534	1771	1476	3247	120
南关镇	905	3073	2255	5328	136
西南关镇	722	2159	1850	4009	117
东关东北镇	1518	5556	4371	9927	127
东关西北镇	697	4605	1560	6165	295
东关西南镇	604	3169	1404	4573	226
东关东南镇	1271	4929	3719	8648	133
城区总计	12576	48759	34022	82781	143
全县总计	116772	345864	301222	647086	115

✕ 表 10-2 1932年潍县城区户口数据一览表

说明：资料来源：民国《潍县志稿》卷十三"民社·户口"，1941年。

巾空间利用规律，以国土空间供给侧结构改革赋能经济社会发展，而这正是本书的主旨——通过穿透潍坊城市地理 2200 多年的演化史，为寻找这种前瞻性、普适性规律作出有益探索。

总论

城市是写在大地上的历史

地理好比是历史所在的子宫，哺育着历史，规范着历史。它的河流、湖泊、绿洲和海洋，吸引着移民定居于沿岸，因为水是生物和城镇的生命之源，并为运输和贸易提供廉价的航道。

——（美）威尔·杜兰特《历史的教训》

基于对地区改革发展局面的忧思，笔者曾有一个推理："经济和社会发展的落后，背后通常是体制机制问题。体制机制问题，背后通常是人的思想问题。人的思想问题，背后通常有着地域文化因素的影响。而长期积淀而成的地域文化基因则通常脱胎于自然地理环境。为此，改革发展滞后地区应植入新的思想观念、文化基因，以修正此不良循环链条。"这个结论排除掉移民国家、移民地区、移民城市等特殊情况，仍然有着绝对化、公式化倾向，但也从某种程度上反映出自然地理环境与经济社会发展的相互关系。通过参与《潍坊历史地理》研究，笔者对两者之间的关系有了更加深刻的体悟，试述于此，以供商榷。

自然地理环境是影响人类文明起源的第一因子

无论是从华夏大地还是世界范围考察人类史、文化史、文明史，无不与自然地理环境有着密不可分的关系。人类起源阶段，应对环境与气候变化能力极弱。"第四纪大冰期"始于距今200万至300万年前，冰川数度从南、北两极向赤道延伸覆盖，美洲冰盖南缘曾到达北纬40°以南，冰川较之冰盖的边缘纬度更低，将原始人类生存空间挤压至热带，辅之以热带草原、雨林等地理条件，或许就是人类从非洲走出来的原因。人类文明起源阶段，北纬30°上下5°范围内，贯穿着四大文明古国，同样得益于北纬30°度上下陆地广阔、气候适宜、季节更替、物产丰饶等优越的地理条件；其中的季节更替，继以食物丰欠，尤其青黄不接、万物凋敝的春冬季，使原始先民更有创新的动因。南纬30°为什么没有成为文明起源的摇篮，也是多海少陆等地理条件使然。谈到人类文明起源，总是绕不开美索不达米亚平原。苏美尔人于公元前4000年前来到底格里斯河、幼发拉底河之间素有"肥沃新月"之谓的美索不达米亚平原，这里河渠密布、灌溉便利、耕地充足，是智人走出非洲最先遇到的适宜耕种的土地，苏美尔人在此创造了颇为传奇的农耕文明，并通过远古泥板书流传至今。生活于彼时彼地的苏美尔人，未必是最聪明的，但一定是最幸运的。

让我们把目光聚焦至山东半岛。据临沂大学吕政霖等《基于GIS的山东史前聚落分布形态与演化研究》，山东地区后李文化时期遗址数量为9处，是为萌芽阶段，集中分布于鲁中泰沂山地北麓海拔相对较高的冲、洪积台地。北辛文化时期遗址数量增至107处，主要环鲁中山地山麓地区和胶东半岛丘陵地区集中分布。大汶口文化时期遗址达555处，分布范围扩展明显，遗址分布海拔高度进一步降低。龙山文化时期遗址达1505处，分布范围扩展至整个区域，开始广泛利用前期不被利用的低海拔冲积平原和冲海积平原。岳石文化时期遗址数量又急剧衰减至309处，分布范围明显收缩，海拔较低、易受洪泛灾害影响的平原地区遗址数量减少尤为明显。笔者推论，山东地区独特的地理条件使得它在史前洪泛灾害严重时期可以依托鲁中山地、胶东半岛丘陵延续着文明火种，又可以于洪泛灾害消退期，提供广阔的山前平原、海拔较低的冲积平原和冲海积平原供人类文明拓展。

潍坊位于泰沂山脉北麓与胶莱平原交接处，兼有山、海、平原之势。龙山文化时期形成了相对集中的六大遗址群，即渠河中上游遗址群、潍河与汶河交汇处遗址群、白浪河上游遗址群、大丹河上游遗址群、弥河流域遗址群以及以寿光孙家集、青州谭坊为中心的遗址群。另外在北部滨海滩涂区寿光羊口双王城发现少量龙山时期，大量商代、西周、东周等时期制盐遗址。这表明，潍坊地区不仅具有较好的农耕条件，还兼有鱼盐之利，使潍坊地区文明起源多得一份大自然馈赠。

潍坊中心城区所在泛白浪河流域，由一条宽阔、高亢、连续的半弧形丘陵围合，气候温润、森林茂密、水源充足，为原始先民就近耕作、狩猎、避洪提供了理想场所。白浪河上游发现新石器时代以及商周、汉代聚落遗址52处。这片丰美的土地，不仅孕育了繁星闪烁的史前文明，也给予着今天的人们以母亲般的丰厚馈赠。生于斯，长于斯，理应对此饱沁感恩之思。

人类文明起源是左右地缘政治初始格局的重要因素

不同层级、不同阶段地缘政治格局影响因子不同。抛开国际地缘政治不谈，单就华夏大地与山东半岛地缘政治格局而言，是文明起源、地理单元、山川形胜、生产力区域分化、战略资源分布、行政区划、交通格局、综合实力等多种因素综合作用的结果。不同历史阶段、不同地域，不同因子发挥着不同作用，而主导因子随着条件变化而转换。在这里，笔者着重从人类文明起源（以及由此衍生的文化特质、文明程度等）视角审视地缘政治格局演化。

中华文明起源的父系氏族阶段，黄河中上游流域、长江中游流域和鲁中泰沂山区不同的地理条件，分别孕育出华夏、苗蛮、东夷三大文明，形成中华大地上初始地缘政治格局，《史记·五帝本纪》载："诸侯相侵伐，暴虐百姓"。华夏族群凭借更优自然条件和更强综合实力，从史前文明竞争中胜出。华夏文明于对抗交融中取得共性的同时，因适应不同的地理环境孕育出东南西北各自的文化特色："在北方，穹庐的居民骏马平川，引长弓射大雕；树林里的猎人，养育巨大的海东青，射鹿刺鱼，猎取他们的食物。在黄土地区，居民以高亢的歌声唱着西北风花儿，秦腔、燕歌永远是激昂慷慨。相对而言，东南一带的水磨腔昆曲，表达的则是曲折的柔情。和慷慨北歌相比，呈现出阴柔与阳刚两种不同的格调。"（许倬云语）

这种优胜劣汰形成的文明起源格局影响深远，由此达致的地缘政治初始格局，是今后社会经济文化发展的重要影响因子，更是地缘政治演化的母本。

进入奴隶社会和封建社会之后，草原文明与农耕文明延续着文明对峙，经常表现为最高形式的文明冲突——战争。蒙古高原苦寒干旱荒漠，草原民族居毡帐、乘马骑、衣皮被裘、食肉饮乳，形成了坚韧、豪爽、粗犷、富有血性的民族性格。正如著名诗人巴·布林贝赫所言："来自大自然的民族是纯朴的、粗犷的。清新的空气、明丽的阳光、晶莹的露水，给了他们单纯的心灵；苍茫的原野、狂暴的风雪、严峻的天空，给了他们粗犷的性格。"农耕地区气候温暖、雨水充足、地势平坦、土壤肥沃，长期辛勤的农耕劳作以及稳定且集体性强的社会生活，使得农耕民族形成忍耐、勤劳、团结、从众的民族性格，凝聚起"礼制、仁爱"的价值观。总之，经过长期积淀和集体塑造，草原民族和农耕民族形成各自稳定、价值取向有异的两种文化。稳定性必然带来排他性，两种文化总会本能地对抗对方侵蚀。加之游牧经济结构单　，抗气候灾害能力弱，导致草原民族南下侵扰，"牧人与农夫的争斗"成为贯穿中华史时间最长、影响最为久远的地缘政治问题。

山东半岛丰富多样的自然地理环境孕育出特质不同的文明起源。泰沂山脉南北两侧就分属不同文化圈，南侧受鲁楚文化影响浓，北侧受齐文化熏陶深，两者对峙促成齐长城修建。"长城之阳鲁，长城之阴齐，长城始筑"，也有说"以备楚莒"。

齐文化与鲁文化之间亦有分野。周武王封师吕尚都营丘。太公按实用主义哲学，"因其俗、简其礼，通商工之业，便鱼盐之利"。管仲继承和发扬太公开放务实的治理方针，奠定了齐国开放、重商、进取等文化基因。封周公旦为鲁侯，旦嫡子伯禽就国，鲁地肩负起"变其俗、革其礼"文化使命。孔子"述而不作"，孟子倡"仁政"、重"民本"，继承和发展周公文化遗产，"周礼尽在鲁矣"，并从鲁国走向华夏乃至世界，形成东方儒家文明圈。同样一种文化特质，一如儒家，因其适用范围不同而结果必然有差异。齐鲁两种文化分野以及其他客观条件差异，最终形成齐强鲁弱的区域地缘政治格局。

即使把视野聚焦至胶莱河流域，也存在着地缘政治冲突。据《史记·齐太公世家》记载："武王已平商而王天下，封师尚父（吕尚）于齐营丘。东就（赴任）国，道宿（夜宿）行迟。逆旅之人曰：'吾闻时（机）难得而易失。客（吕尚）寝甚安，殆非就国者也'。太公闻之，夜衣而行，黎明至国。莱侯来伐，与之争营丘。"这是齐莱纷争的序曲。整个春秋时期，齐莱两国攻伐不绝，直至莱国臣服并融入齐国。"营丘边莱"，一个"边"字，说尽了齐、莱之间细微的文化分野。这一系列不同层面、不同历史阶段地缘政治较量，背后都有着不同区系文化相斥、相融的影子。

地缘政治格局在很大程度上决定着交通格局

交通格局变迁首先与交通技术革新密切相关，如运河、铁路、公路、航海、高铁、航空等，先后成为交通运输主角，主导着不同历史阶段的交通格局变迁。交通格局变迁也与经济地理格局紧密互动。交通格局变迁还与地缘政治格局及其演化密切相关。

海岱地区已发现史前城址约15座，其中13座分布在泰沂山脉北麓山前平原，城址之间贯穿着一条原始的青齐大道，显然是史前"城邦国"地缘政治产物。永嘉之乱曹嶷占据临淄，另建"四周绝涧，阻水深隍"的广固城（今青州市西），并移"青州刺史、齐郡、临淄县"三级治所于此，导致自古以来的泰沂山地北麓青齐大道南移。秦朝一统天下是为华夏地缘政治根本变局，"（秦）为驰道于天下，东穷燕齐，南极吴楚，江湖之上，滨海之观必至"[1]，全国交通格局为之发生里程碑式变革。北宋初期，杨行密、李昇等割据势力仍占据江淮之间，朝廷与闽越只能通过山东半岛海运往来联系。辽国进扰又迫使朝廷封闭胶东半岛北岸港口，转向发展南岸密州（今诸

---

[1] 尹小林校注：《汉书》，大吕文化，2022年，卷五十一、《贾邹枚路传》第二十一。

城）港。随着元朝建立横跨欧亚的蒙古帝国以及元大都（今北京）落成，山东半岛经潍州向西北通往京师的大道逐步形成。倭寇侵扰一度成为明代最重要的地缘政治问题，倒逼大运河会通河段于明永乐十三年重开通航，随后实行海禁，山东地区经济重心移至鲁西北运河沿线。曹州"巨野教案"爆发后，德国借机占领胶州湾，强迫清政府签订《胶澳租借条约》，列强瓜分中国之地缘政治格局延及胶东半岛，形成"港（青岛港）、铁（胶济铁路）"一体殖民交通格局。总之，地缘政治格局施于交通变迁，虽不是全部因素，但一定是起着关键作用的重要因素。反之，交通格局变迁又是地缘政治演化的重要推手。

交通格局变迁通常深刻改变经济地理格局

"城市都是交通线上打的结"（许倬云语），城市又是经济地理格局的关键变量。青州刺史治所城市由临淄迁广固城（今青州市西），原经临淄的东西向青齐大道从长山即转向东南，经张店、辛店、淄河店等，到达广固城，经今潍坊市驻地，过白浪河渡口，再折向东北去往昌邑、掖县等沿海一带。曾经繁华了千余年的临淄城被弃置于交通大道之外，青州继之为新的交通枢纽城市，深刻改变了原有经济地理格局和城镇体系。

北宋时期经潍州城转向东北的登莱大道，往南经安丘、景芝通密州的潍密大道，往东南经高密至板桥口岸（即胶西县城，今之胶州）的潍胶大道相继形成，潍州成为"四路辅辏"交通要津，山东半岛交通枢纽由青州而潍州，潍州经济地位随之跃升。从北宋熙宁十年（1077年）京东东路各州商税数额看，潍州经济总量已跃居京东东路第三位。

经明朝、清初蓄势，待清康熙二十七年（1688年）重开海禁，潍县作为"四路辅辏"交通要津迸发出充足活力，商品经济繁盛勃兴，农副产品加工业和商业运输业发展迅猛，逐步成长为鲁中、鲁东地区乃至更大区域内物资集散地、经济中心区。

胶济铁路开通后，形成了以胶济铁路为轴、青岛港与腹地交互作用的经济发展新格局，运河开始没落，铁路、远洋运输兴起，山东地区经济繁荣带由运河向铁路沿线、沿海转移，传统经济地理格局被颠覆，东强西弱态势显现。新的交通格局继而促成潍县开埠，潍县从鲁东商贸重镇迅速发展成为鲁中乃至华北地区"都会"。美国著名学者施坚雅描绘的中华帝国晚期城市体系中，潍县跨入层级最高的全国二十个"地区都会"之一。

即使文化教育等社会事业，也深受交通格局影响。乐道院落户潍县，"胶东咽喉"地位是重要因素；广文大学由潍县西迁济南，也是因济南成为十字型铁路交通枢纽，区域服务职能进一步增强。

反之，经济地理格局又有反哺、回馈交通格局作用。

经济地理格局终将投射于城市空间布局

从宏阔的历史观审视，中国城市空间格局演化大致经历了礼制（政治行政）主导、经济主导以及当下人居环境主导阶段。

礼制主导阶段，政治行政行为重于社会生活、社会生活重于经济活动。以《考工记》为标志的传统营城礼制，在隋唐"坊市制"达致巅峰。这种空间礼制是为标榜统治者权利及其合法性，强调、宣扬和固化既有等级，成为封建王朝统治工具之一。在国家形成初始，这无疑有利于凝聚起分散、有限的社会生产力，集中实施事关族群安全和长远发展的重大公共项目，但是随着时代进步最终成为束缚城市发展的桎梏。

经济主导阶段，经济地理格局或者说经济社会发展成果对城市空间的影响逐渐超越政治行政行为，尤其是商贸业和制造业发展以及由此带来的生活方式转变，深刻影响和改变着城市空间结构。此阶段，潍县县城经历了3次破茧成蝶。第一次是突破坊（市）墙。唐末宋初，潍州城"破墙开店"成势，"坊市制"崩塌，"街巷制"确立，城市空间由封闭型转向开放式，极大地促进了商品经济繁荣以及城市职能由政治行政主导向经济社会主导转变。同时，催生了潍坊第一个集贸中心——潍州城南门外集贸市场，带动城区跨过今东风西街向南翻扩一倍。第二次是突破城墙。随着潍县交通枢纽地位持续强化，商品经济发展浪潮迭起，东关坞应运而生，城墙外又起城墙，潍县县城演变为极具特色的"双城结构"。潍县城其他几个关厢也相继成形，城市规模迅速扩大。第三次是突破"无形之墙"。坊子因胶济铁路和煤矿而兴，崛起为工商新镇，潍县呈现出"双城一镇"布局结构，突破了传统城市组团"空间相邻"的"无形之墙"，沿着铁路交通线跳跃出去形成新的城市组团。至于潍县城内居住、商业、工业三类主要用地空间分布更是直接体现了经济社会发展成果对城市空间格局的具体刻画。

附录一

误将"平寿"作"营陵"之探析

关于昌乐营陵故城遗址的性质，本书"引论"部分已从文献记载、考古资料和城市形制等方面进行充分论证，即昌乐营丘镇古城村所谓"营陵故城"并非是历史上的营陵县城，更不是姜太公的首封地营丘，而是西汉至魏晋南北朝时期的平寿城。那为什么会出现如此误解呢？我们仔细分析一下历史上有关汉平寿城位置的一些论述就可以明白。

历史上关于汉平寿城的位置主要有两种观点：一是以清末民国时期郭麐和丁锡田先生为代表的"西下密说"，即今潍城区西关街道自怡园附近。这种说法主要见于郭麐的《潍县古城考》和《潍县志稿》。《潍县志稿》记载："《宋书·州郡志》平寿县条下注'汉旧县，魏属北海郡'，而《魏书·地形志》平寿县下注'有浮山、金关山'者，此自北魏所置之平寿县（今潍城区符烟山以西平寿村）。其于北海郡下注曰'治平寿城'，此方是汉之平寿（今潍城区西关街道自怡园附近）。其北海改为下密县，又为北海郡，即《水经注》白狼水条下所谓：'平寿故城在其西，今北海郡是也'，此邑人郭麐据郦注所考知者。又《寰宇记》'隋西下密，在潍州西二里半'，按隋西下密即《地形志》之下密县治，亦即汉之平寿治。民国二十年（1931年）秋，山东古籍研究会派员至潍调查古迹，于（潍县）西关西北发现汉代板筑遗迹，俗传'旧西关阁'址，并见有汉迄隋瓦瓷碎片。汉城在今之西关，考之古籍，证之遗物，其所在可以定矣！"

据上文可知，《潍县志稿》所谓"西下密说"，实际上源自郭麐先生，而郭先生的考证则主要依据"郦注"（即《水经注》）。"西下密说"，显然是受到了通常所谓"昌乐古城遗址就是营丘古城或营陵故城"的影响。设若把昌乐古城遗址假定为营陵县城，那么据《水经注》"平寿故城在白狼水西……水上承营陵县之下流"记载推断，汉平寿故城只能在更下游的近代潍县城附近，再加上《寰宇记》中"隋西下密，在潍州西二里半"的记载，两相附会，则谬误出矣！设定的前提条件错了，推论自然不对。实际上，《潍县志稿》所谓汉平寿城在"今（潍县）之西关"，该片区从20世纪80年代至21世纪初已全部开发建设，并未发现"故城遗址"，因此所谓汉平寿故城在"西下密说"不攻自破！至于《潍县志稿》提到的"（潍县）西关西北发现汉代板筑遗迹，俗称'旧西关阁'址"，不过是隋西下密城遗迹罢了（也可能北齐西下密迁来之前，此处就有小规模汉代聚落）。

二是浮烟山西侧"平寿村说"，这一说法见于元代《齐乘》等方志。本书"引论"已说明原委，实际是北魏皇兴三年（469年）从白浪河西岸北海郡城（平寿故城）移置过去的北魏平寿县城。

至此，几百年来一直藏匿于历史迷雾中的汉平寿故城已浮出水面。那么，为什么北海郡（汉平寿县）城遗址几百年来却一直被误解为营陵故城呢？首先，直接原因可能与隋、唐初期营丘县两次复置有关。本来自汉至北齐营陵县一直在白浪河上游马宋村附近，北齐以后潍坊地区行政中心整体转移到白浪河下游近代潍县城附近，隋开皇六年（586年）复置营丘县时，其城址也随之向北进行迁移，挪到了原北海郡（汉平寿县）城的东侧（今昌乐县营丘村北），该城在隋大业二年（606年）省废，并于大业八年（612年）毁于隋末战乱。唐武德二年（619年）又复置营丘县时，因东侧城垣已毁，遂临时迁入原北海郡城内城（今昌乐县古城村），至武德九年（626年）最终并入北海县。由此可见，北海郡故城（平寿故城）在唐初曾经临时作过营丘县治（仅7年时间），正是这个短暂的"临时治所"给后世留下了一个很大的误会。

其次，这一讹误之所以长期流传下来，应先归咎于宋代《寰宇记》的记载："废营丘城，太公所封之处。隋开皇六年（586年）于（营丘）故城置（营丘）县，属潍州。唐武德二年（619年），邑人汲嗣因贼率黎庶守之，权置杞州。（唐武德）四年废（杞州），置营丘县，（唐武德）九年废"。这里的"废营丘城"毫无疑问指的是隋唐所置营丘县城（今昌乐县营丘村）。可见《寰宇记》所谓"于故城置县"是错把唐武德二年至武德九年营丘县的临时治所——魏晋南北朝时北海郡（平寿县）城（今昌乐县古城村）当作"太公所封之处"的营丘以及西汉时"营陵故城"（今昌乐县马宋村）了。正是因为这一疏忽，《寰宇记》只记载了"北魏皇兴三年"移置到符烟山西侧的魏平寿县城，却对找不到位置的汉平寿故城未作任何说明。到了元代于钦来这里考察时，他所看到的是一大（魏晋南北朝北海郡城）一小（隋唐营丘城）挨在一起的两座废城，于是只根据《寰宇记》记载，没有详究始末，在"营陵县"下记为"营丘、营陵合为一埈，盖为姜齐始封之地"（见图一），而在"平寿县"下则直接说："平寿城，潍州西南三十里，汉县古城（实为魏平寿县城）"。后来，明清《昌乐县志》更是承袭了以上两部志书错误，照抄转录，致使存续了800年之久的汉平寿故城被隐藏在了历史迷雾中。

北齐至隋潍坊政区沿革与城址变迁浅论

关于北齐至隋朝时期潍坊政区历史沿革与城址变迁存在多种说法，主要争议点在下密迁置时间以及城址"二里半"空间转移问题。

相关史料值得采信以及用来比较研究的有六，其中距当时历史时期年代较近的有三：

《隋书·地理志》（成书于唐伍德年间）："（唐）北海县，旧曰下密，置北海郡。后齐改（北海）郡曰高阳，开皇初（三年）（高阳）郡废。（开皇）十六年分（青州东部7县）置潍州，大业初（二年）（潍）州废，（下密）县改名（北海县）焉"。

唐《元和郡县治志》："（唐元和年间）北海县，本汉平寿（县）地，属北海郡。（北齐置北海县，改北海郡为高阳郡——原注）。隋开皇三年罢（高阳）郡，置下密县于废（高阳）郡中，属青州。十六年，又于此置潍州，取县内潍水为名。大业二年废潍州，仍改下密县为北海县"。

宋《寰宇记》："（成书时的宋太宗兴国年间）废西下密县，在（潍）州西二里。隋开皇十六年于北海县置潍州，移下密县于此（废西下密县）置，至大业二年（潍）州废，（下密）县并入北海县"。

年代较远，但考证详细、令人信服的亦有三：

其一为清杨守敬的《隋书地理志考证附补遗》："《（隋书地理）志》当云'旧曰平寿（县），置北海郡。后齐改（北海）郡曰高阳，县曰北海（县）。开皇初（高阳）郡废，改（北海）县曰下密（县）。（开皇）十六年（分青州东部七县）置潍州

（于下密县），大业初（二年）（潍）州废，复改（下密）县曰北海'"。

其二为清叶圭绶先生《续山东考古录》："高（北）齐青州高阳郡治下密县（后魏下密疑已徙此，但无的据，故仍系之昌邑，附存此说备考——原注）。天保七年改北海郡为高阳郡，省胶东县入下密。（北）周因之。齐下密县治即今（潍）县治（或魏下密已治此，齐省平寿人之。或（北）齐改平寿为下密徙治于此，皆不可知——原注）"。

其三今人王仲荦《北周地理志》："《隋书地理志》：'北海，旧曰下密，大业初县改名焉。'按《通典·州郡典》谓'齐置北海县'，误。北海郡初治平寿，及改郡为高阳郡，而平寿县亦废入下密，郡乃移治。下密自汉至后魏县治皆在今山东昌邑县东界，至北齐改为（高阳）郡治，乃移下密于今潍坊市东二十里古城社也"，此最后句"移下密于今潍坊市东二十里古城社"有误，此处是"东下密"，当先移下密县至"潍州西二里"（西下密），后改"今潍坊市东二十里"之潍水县（由胶东县改名而来）为下密县（即"东下密"）。

综合以上"六家之言"，隋大业二年，废潍州，于今潍坊驻地设北海县是"五家"共识，无异议。此论不在王仲荦《北周地理志》研究范围内。

再往前追溯，隋开皇十六年（596年）分青州东部七县置潍州，治下密县，亦为多数意见。仅宋《寰宇记》认为，新置潍州治北海县（今潍坊驻地），同时移置下密县于潍州（今潍坊驻地）西二里（另一说"二里半"）。但是，潍州州治北海县与潍州所辖下密县仅相距"二里"的可能性微乎其微。故隋开皇十六年分置之潍州当治下密县，而下密县在潍州（今潍坊驻地）"西二里"为古今共识。这说明，隋大业二年于今潍坊驻地所设北海县，当由潍州州治东迁二里半新建。

隋开皇三年（583年），废高阳郡，于废郡中留置或移置下密县，为"四家"共识。宋《寰宇记》未述及，超出王仲荦《北周地理志》研究范围。

再追溯至北齐天保七年（556年）政区改革期间，改北海郡为高阳郡也是共识，只是清杨守敬考证高阳郡治北海县，而《隋书·地理志》、清叶圭绶先生《续山东考古录》和王仲荦《北周地理志》均认为在下密县，但王仲荦《北周地理志》混淆了今潍坊市东二十里古城社的"东下密"与潍州"西二里"的"西下密"。这一分歧关键点出在唐杜佑《通典·州郡典》"齐置北海县"上。关于北齐时是否置过北海县，王仲荦先生和叶圭绶先生均持否定意见。叶圭绶先生考证："《通典》'北海'下云：'齐置北海。'[①]《元和志》：'隋开皇三年置下密县于废郡城中。'据此似齐置北海县于此，隋初改置下密矣。考《隋志》'北海'下云：'旧曰下密，置北海郡（《魏志》：'郡治平寿城'，盖齐移郡治于此，又改名高阳——原注），后齐改郡曰高阳，开皇初郡废，大业初改名北海'。据此是齐改郡名时，县名下密，不名北海也。杜氏、李氏并有误。《元和志》《寰宇记》'北海县'，皆不载齐改高阳郡，疏漏甚矣"。后世学者多认同叶圭绶先生和王仲荦先生观点，笔者亦然。

至此，隋代潍坊政区历史沿革与城址变迁疑案当解〔详见附表3：潍坊政区历史沿革与城址变迁考证表（北齐至隋）〕：至少北齐天保七年，下密县已由原址（今昌邑市东30里姜家庄，毗邻潍河东岸）移置于今潍城区西关自怡园附近（潍州西二里）。隋开皇三年（583年）废高阳郡，留置下密县；隋开皇十六年置潍州，治下密县；隋大业二年，废潍州，改下密曰北海，舍旧址，东迁二里半于近代潍县城新建北海县城。将"下密"之名赋予东邻的潍水县（今寒亭区吉家村附近，即王仲荦《北周地理志》所谓今潍坊市东二十里古城社）。

另外，历史上一直存在着"西下密城"和"东下密城"之说。王瑞甫先生曾在多篇文章中探讨过。"西下密城"已述及。所谓"东下密城"，就是北齐政区改革时裁撤的胶东县城，其位置在今寒亭区朱里街道吉家村附近。

《续山东考古录》记载"大业三年后下密县，即后魏胶东县城"，《隋书·地理志》"下密县"条下也记有"后魏曰胶东，后齐废。开皇六年复，改为潍水。大业初改名焉，有铁山、溉水"，说明此城北魏时由胶东县（今平度市驻地）移治而来，东魏因之。北齐政区改革时被裁撤，隋开皇六年又复置，并改名潍水县（一作"涟

---

① 叶圭绶：《续山东考古录》，山东文艺出版社，1997年，第369页。

水"，疑误），隋大业二年下密县（"西下密"）向东移址"二里半"改称北海县时，将"下密县"的名字赋予潍水县（地理空间上更接近今昌邑市东30里的原下密县），直到唐武德八年并入北海县。

参考文献

著作

01 刘易斯·芒福德.城市发展史—起源、演变和前景[M].宋俊玲，倪文彦,译.北京：中国建筑工业出版社，2016.

02 段义孚.神州：历史眼光下的中国地理[M].赵世玲，译.北京：北京大学出版社，2019.

03 施坚雅.中华帝国晚期的城市[M].叶光庭等，译.北京：中华书局，2000.

04 侯仁之.历史地理学四论[M].北京：中国科学技术出版社，1994.

05 侯仁之.北平历史地理[M].北京：外语教学与研究出版社，2013.

06 侯仁之、邓辉.北平城的起源和演变[M].北京：京华博览丛书，2001.

07 李孝聪.中国城市的历史空间[M].北京：北京大学出版社，2015.

08 李孝聪.历史城市地理[M].山东：山东教育出版社，2007.

09 张奴寰.中国城池史[M].北京：中国友谊出版社.，015.

10 薛凤旋.中国城市及其文明的演变[M].北京：北京联合出版公司，2019.

11 钱耀鹏.中国史前城址与文明起源研究[M].陕西：西北大学出版社，2001.

12 何一民.中国城市史[M].湖北：武汉大学出版社，2012.

13 何一民.近代中国城市发展与社会变迁（1840-1949）[M].北京：科学出版社，2004.

14 李学勤.五帝本纪 夏本纪讲义[M].北京：清华大学出版社，2022.

15 方诗铭、王修龄.古本竹书纪年辑证[M].上海：上海古籍出版社，1981.

16 高广仁、邵望平.海岱文化与齐鲁文明——中国早期文明[M].江苏：凤凰出版社，2005.

17 许宏.先秦城邑考古[M].北京：金城出版社，2017.

18 徐龙国.秦汉城邑考古学研究[M].北京：中国社会科学出版社，2013.

19 周长山.汉代城市研究[M].北京：人民出版社，2001.

20 周振鹤.西汉政区地理[M].北京：商务印书馆，2017.

21 方诗铭.曹操·袁绍·黄巾[M].上海：上海世纪出版集团，2021.

22 严耕望.唐代交通图考[M].北京：中信出版社，2018.

23 白寿彝.中国交通史[M].北京：中国文史出版社，2015.

24 源为民等.中国古代道路交通史[M].北京：人民交通出版社，1994.

25 黄棣候.山东公路史（古代道路、近代公路）[M].北京：人民交通出版社，1989.

26 包伟民.宋代城市研究[M].北京：中华书局，2014.

27 袁琳.宋代城市形态和官署建筑制度研究[M].北京：中国建筑工业出版社，2013.

28 张照东.宋元山东区域经济研究[M].山东：齐鲁书社出版社，2006.

29 王贵祥等.明代城市与建筑—环列分布、纲维布置与制度重建[M].北京：中国建筑工业出版社，2013年.

30 王守中、郭大松.近代山东城市变迁[M].山东：齐鲁出版社，2011.

31 成一农.古代城市形态与研究方法新探[M].北京：社会科学文献出版社，2009.

古籍

32 司马迁.史记[M].北京：北京联合出版公司，2016.

33 左丘明著,杜预集解.左传[M].上海：上海古籍出版社，2015.

34 日本圆仁.入唐求法巡礼行记[M].广西：广西师范大学出版社，2007.

35 班固.汉书[M].北京：中华书局，2012.

36 范晔.后汉书[M].北京：中华书局，1977.

37 郦道元著，杨守敬、熊会贞疏.水经注疏（台北定稿本）[M].江苏：凤凰出版社，2014.

38 陈寿.三国志[M].北京：中华书局，2014.

39 魏收.魏书[M].北京：中华书局，1974.

40 魏征等.隋书[M].北京：中华书局，1973.

41 李吉甫.元和郡县图志[M].北京：中华书局，1983.

42 乐史.太平寰宇记[M].北京：中华书局，2007.

43 李有棠著,崔文印点校:金史记事本末[M].北京：中华书局，2018.

44 于钦著，刘敦愿，宋百川校释.齐乘校释[M].北京：中华书局，2018.

45 顾祖禹.读史方舆纪要[M].北京：中华书局，2019.

46 叶圭绶.续山东考古录[M].山东：山东文艺出版社，1997.

47 胡阿祥.宋书州郡志汇释[M].安徽：安徽教育出版社，2006.

48 郭黎安.宋史地理志汇释[M].安徽：安徽教育出版社，2003.

49 华林甫，赖青寿等.隋书地理志汇释[M].安徽：安徽教育出版社，2019.

50 王仲荦.北周地理志[M].北京：中华书局，1990.

方志

51 张耀壁.乾隆潍县志[M].清乾隆二十五年（1760）刻本影印.

52 常之英.潍县志稿[M].和记印刷局，2012.

53 潍坊市潍城区史志编纂委员会.潍城区志[M].山东：齐鲁出版社，1993.

54 青州府志.天一阁藏明代方志选刊[M].上海：上海古籍出版社，1965.

55 康熙莱州府志[M].天津图书馆据清康熙五十一年刻本影印.

56 张思勉修，于始瞻纂.掖县全志[M].台湾：成文出版社.

57 安作璋.山东通史[M].北京：人民出版社，2009.

附表一　　白浪河（虞河、大圩河）上游流域古文化遗址一览表

河流名称	名称	面积（万 m²）	时代	文化堆积厚度（m）
大圩河流域（13）	郭家成章遗址	10.0	东周，西周	0.5-1.5
	罗圈遗址	6.0	新石器时代	1
	曹家庙北遗址	0.25	西周	0.5
	宇家遗址	6.0	新石器时代、商—周、春秋	0.6
	邱家河遗址	0.2zz5	商代	1-3
	辛旺遗址	0.3	东周、汉	0.6
	鞠家庄遗址	10.0	商—周	1.5
	平寿遗址	2.0	新石器时代、汉	1-2.5
	石人坡遗址	3.0	新石器时代	0.7
	大解召遗址	0.5	西周	1.2
	徐家庙遗址	0.75	新石器时代	0.5-1.2
	陈家湾遗址	6.0	新石器时代	0.7-1.5
	东毕家遗址	3.0	新石器时代、东周、汉	0.5-3.0
白浪河流域（33）	徐家遗址	0.75	新石器时代	0.5-1.2
	茂子庄遗址	0.15	新石器时代	0.35
	大崖头遗址	20	战国	0.6
	姚官庄遗址	15.75	新石器时代、东周、西周	1.6-4.55
	黎家遗址	3.0	新石器时代	0.4-1
	吉阿遗址	0.15	新石器时代	0.5
	高家庙遗址（营丘南遗址）	31.0	新石器时代、商—周、春秋、汉	2-3
	河西遗址	20.0	新石器时代、商—周、春秋、汉	2-5
	钓鱼台遗址	2.0	新石器时代、汉	1
	南申明亭遗址	0.55	新石器时代	0.5
	河头遗址	4.0	新石器时代、汉	0.6
	营陵故城	289.0	新石器时代、汉	0.5-1
	营邱遗址	12.0	隋—唐	0.4-0.7
	丛家阳阜遗址	2.0	新石器时代	1.5
	梁家遗址	0.16	新石器时代	0.3
	姜家庄遗址	0.12	新石器时代	0.5
	吴家泉遗址	0.2	东周	0.6
	响水崖遗址	0.40	新石器时代	0.1
	大河洼遗址	1.0	新石器时代	0.6
	西级遗址	8.0	新石器时代、东周	0.7-2.3
	盖家遗址	2.0	新石器时代	0.6-1.5
	程家河遗址	0.12	新石器时代	1.6
	驻马河遗址	0.04	西周	0.4
	高家庄遗址	12.0	新石器时代、西周	1-2.5
	北展遗址	0.70	明代	0.3
	秦家淳于遗址	6.0	新石器时代、东周、汉	1.0
	杨家淳于遗址	0.30	新石器时代	0.3
	王河洼南遗址	4.5	新石器时代、西周	1-1.5
	王河洼遗址	3.0	新石器时代、东周	0.5-0.8
	张家庄遗址	1.2	新石器时代	0.7
	南张家遗址	1.5	新石器时代	1-1.5
	毕都遗址	0.5	东周	0.8
	鞠家庄遗址	10.0	商—周	1.5

河流名称	名称	面积（万 m²）	时代	文化堆积厚度（m）
白浪河流域（11）	前张次遗址	9.0	东周	0.5
	大河西遗址	1.0	新石器时代、西周	0.6
	东韩河遗址	0.5	商代	0.3-0.5
	葛沟崖遗址	1.5	东周	0.5
	青上遗址	0.024	东周	0.9
	善庄遗址	4.4	战国	0.8
	田家老庄遗址	0.13	汉代	0.4-1
	东刘家河遗址	0.3	战国	0.6
	辛宅子遗址	1.0	西周	0.4
	宅科遗址	6.0	新石器时代	0.6
	朱汉遗址	0.8	东周	0.3
虞河流域（12）	东上虞河遗址	5.75	商—周、汉代	0.6
	葛家遗址	1.0	周代	1.0
	武家庄遗址	15.0	新石器时代、商—周、汉代	1.5
	响河子遗址	6.0	东周	1.5
	泉河头遗址	2.0	商代	1-1.5
	山后郑家遗址	1.5	新石器时代	1.0
	李家遗址	7.5	周代	0.5-1.0
	彦坊遗址	5.0	新石器时代、汉代	0.3-1.0
	响水湾遗址	6.3	汉代	0.5-1.0
	范家庄遗址	15.0	新石器时代	1-2.5
	郭家成章遗址	10.0	周代	0.5-1.5
	陈家遗址	6.0	新石器时代、东周	0.7-1.5
总计				

※ 此表根据《中国文物地图集－山东分册》整理制作。

国家文物局：《中国文物地图集－山东分册》，文物出版社，2008 年。

附表二　中国城市（主要以首都为例兼及其它城市）历史沿革表
（根据薛凤旋《中国城市及其文明的演变》改制）

	城镇体系与城市化	城市规模	城市空间布局
龙山时代	城市：1.抵抗周边敌对部落的军事防御设施。 2.新形成的邦国政治经济和文化中心。		围绕核心建筑——宫殿、宗庙、祭坛展开。
夏	1.在空间上建立了4个等级聚落体系； 2.二里头是夏朝都城，政权通过军事力量向更大地区扩张，实现了对中原地区和周边的重要资源和人民的控制。 3.核心区成为主要的城市聚落。 4.宫殿和宗庙是王权的最高体现。	以二里头为例，面积375万平方米，人口约1.8万至3万。	1.礼乐是宫殿和宗庙这些主要建筑背后的布局和空间设计指导思想。 2.君主、官僚机器以及城内大量的手工业者和奴隶等社会阶层构成了空间结构布局要素。 3.核心宫殿宗庙区主体建筑布局和南北向等设计成为中国都城特色。
商	1.当时的"中国"分为两部分：（1）畿内（首都及王畿），面积约1000平方千米，含王室成员的城邑和与王室关系密切的辖地。（2）畿外（商的藩属）：其一乃由商朝任命的行政长官或将领领导的新征服或开垦地区封邑；另一类乃臣服于王朝的被称为"夷"或"方"的"外族"城邦。 2.二里岗时期突出的两大核心城市是亳（郑州）和西亳（偃师），还有3个拥有坚固城墙的区域中心，分布在重要的交通枢纽上。 3.封国疆域和人口按侯、伯、子、男等4个等级界定。 4.创新了复杂的行政和军事体制。（1）文官，即由宰相到管理百工的小官，以管理全国至地方的事务；（2）武官，分三种：马（征战部队）、亚（王室卫队）、卫（防守部队）；（3）史官等专业技术官员，包括卜、史、司法、祭祀等主管。 5.青铜礼器的空间扩散可被理解为领土拓垦行为，这亦是夏代王国扩张方式的伸延。	1.早商，亳。城墙内2.5平方千米，人口10万。 2.商中期、晚期，殷。12平方千米，人口14万；高峰期30平方千米，人口23万。	分内、外城。内城为宫殿、宗庙以及宗教和祭坛区。如殷都可能不设围墙，殷都中部是宫殿宗庙区，包括商王和王室的宫殿以及相关的仓库和仆役的宿舍、宗庙区、祭坛区。

城区之"市"	工商业体系	城市人居环境
有手工业区		
宫殿区北和东面有集中的陶窑和骨制品作坊；南面是大型铜作坊。	1. 在广大的国土空间内对主要手工业控制和批量生产，区域文化渐趋统一化和标准化。 2. 青铜器成为身份象征以及官府专利——直接成为王室对礼乐制的控制工具，用作封赏信物。 3. 长途贸易所延伸的地域超越上一个时代，甚至到达东南亚和印度。	
1. 宫殿宗庙区外为铸铜、制骨、陶器和玉石的作坊，与民居杂处。 2. 首都设有市场。	1. 商代远途贸易线向南延伸至南亚和东南亚，向西则延至新疆和中亚。贸易主要由官方垄断，但仍有少量私人贸易。重要水、陆路交通节点建立了称为"羁"的驿站，是中国秦代驿站制度的先行者。 2. 商代发展成为青铜冶炼的鼎盛时代。最多是用作封建诸侯的印证和对诸侯的赏赐。有少量铁制工具。	1. 有密集的民居和墓葬。 2. 城郊有王陵区、氏族墓葬区。

	城镇体系与城市化	城市规模	城市空间布局
西周	1.城市按4个方向准确定位。 2.城市选在平原，临近河边。 3.城市建设先营造宫室、宗庙，厩库次之，居室后。 4.各等级城市规制依周礼严格规定。 5.周礼把城市定义为一个为农业经济服务的行政——宗教中心。	都城镐京10平方千米。	1.城墙一般为正方或长方形，主城门以及整个城市宗庙、宫殿和主要建筑都面向正南方。此外主要建筑在城中间，由北向南分布，形成南北主轴和高低不同的序列。外城围墙外是护城河。 2.城市划分功能区，主要政治和宗教建筑——宫殿、宗庙等都建在夯土台基上。 3.中央或宫城通常另有围墙，是宗庙、社稷、宫殿及贵族用的重要建筑。
东周和战国	1.在新形成的地方行政单位建立了以行政功能为主的治所城市（郡县城），形成"国、郡、县、乡（镇）"四级行政中心。 2.主要的城市同时成为新的工业和商业中心，脱离了以前作为统治者的行政、礼教和其从属的手工业中心的较单一性质，出现了新的城市群体。 3.在各国边界的保卫城墙上出现了不少军事重镇（这些城墙日后被连为长城）。	城市规模突破周礼规定（周朝都城洛阳城10平方千米），逾制建城普遍存在。	1.城市一般坐西北，向东南，因宗法以东为大，皇权和天以南为代表，体现了皇权的衰落； 2.家族仍是政权、军队和社会的核心。 3."宫""庙"在商周时为一体，是互称，都在宫城之内；至春秋战国，"宫""庙"分别营建于不同地方。 4.出现了"廓"，即有城墙的外城。
秦	1.城市化的基本动力为行政需求。 2.城市大小分布及其功能金字塔与行政体系的重要性和等级序列相对应。 3.城市的主要服务对象是其直接腹地，即它所处的农业区，目的在于使地区农业经济稳定发展，城乡关系紧密而且是互补的而不是相对立的。 4.秦一代共设48郡，其下共800—900县，形成了一个三级城市体系：都城、郡治和县治。 5.秦始皇实行隳名城政策，即毁灭六国都城，而将体现城市文明的财富和人才集中于京城。	都城咸阳，城墙内占地面积为36平方千米，人口为50万。	1.城市的土地利用分布和功能结构反映出不同功能的重要性序列，以及儒家的纲常名教和等级等礼乐观念。 2.都城不筑墙，宫殿和别宛则散布在渭河两岸的广大地区上。

城区之"市"	工商业体系	城市人居环境
市场被放置在最不吉利和煞气的方位，即城市的北面，由司市总管：中间叫大市，日中进行，为贵族、大夫等人员采购之地；东边叫朝市，早晨进行，为商贾贸易处；西边叫夕市，傍晚进行，为百姓购物处。	国家垄断铜、玉等制作，用作封赏信物。	外城另有围墙包围，是手工业、商业和一般市民的住宅用地，包括一些农地。
1.主要城市都设有多个"市"，成为城市手工业及以商业为基础的居住里坊的核心。　　2."市"多建有围墙，并且主要建在外城（廓）。	国家垄断铜、铁、盐业。	1."城以盛民"。特别是外城中出现了以非农活动为主体的"真正"的城市社会（或市民社会）。　　2.廓内也出现了以户籍为基础的邻里结构及管理体制——里及闾。　　3.非农活动除了工业和艺术外，还包括教育、文化和各种娱乐。
工商业是城市重要产业，但并非其主要功能，而是处于辅助性地位。	工商业相当部分为官营或由政府严格规管，如盐铁等。	

	城镇体系与城市化	城市规模	城市空间布局
汉	1.都城为全国的政治经济文化中心，处在城镇体系的核心位置。 2.普通郡治城市的城墙平均长3000—5000米，城内面积平均3.5平方千米，人口5万。 3.普通县治城市的城墙平均长1000—3000米，城内面积0.7平方千米，人口约1万。	1.西汉都城长安城，总面积36平方千米，宫殿占三分之二。公元前120年高峰人口达50万，为全国最大城市。武帝迁各地豪强大户至京师，形成了稠密而富裕的郊区，其中郊区县茂陵人口达28万。 2.东汉都城洛阳，城内面积约10.2平方公里，主要仍为宫殿，分为南、北两宫，相距1里，有复道相连。	1.汉代城市的土地利用分布和功能结构反映出不同功能的重要性序列，以及儒家的纲常名教和等级等礼乐观念。 2.汉代城市一般只有一道城墙，使内城与外城合二为一。事实上整个城市只是"内城"，城墙外是一般市民和工商业。只在很特殊的情况下，才可看到两重城墙的影子。 3.西汉长安城。呈近似方形，四边墙各开三门；主干道直通城门。城正门和宫殿正门均向南，与《考工记》相吻合。未央宫位于城内最高部分（天子大朝建在高15米的夯土台阶上），虽不是全城地理中心，却以其高度而握控全城。城中有大型武库以及中央和首都地区官署。天子的大朝、寝宫与宗庙社坛分离，并且分别建有围墙。后来王莽将它们迁至城南郊，规模和华丽程度更胜以往。 4.东汉洛阳城。坐北朝南，呈不规则长方形。主要宫室是南宫和北宫，南北纵列，以南门为正门。太仓、武库位于城内东北角、北宫东北。洛阳城东西两侧各3门，北面2门，南面4门，以南面偏东的平城门为正门。

城区之"市"	工商业体系	城市人居环境
1. 汉代城市设有市肆。将商业活动限制在县级以上城市中的官设"市肆",予以严格的规管。市肆都包以围墙,只开设二门,每日晨钟暮鼓,按时开放。市中设市楼,以便"市长"对贸易进行监察。汉武帝规定五品以上官员不得进入市场。 2. 西汉长安城,西市是大型的官营作坊区,包括纺织和瓷手工业,以及一个占地1平方千米的铸币区。还有东市,两市共占地2.66平方千米,都位于城北部。 3. 东汉洛阳城,设有三市,即金市、马市、羊市,分别位于宫西大城内、城南和城东。	1. 汉朝继承了秦代重农抑商的政策,将商人划为士、农、工、商的最后一级。 2. 工商业是城市重要产业,但并非其主要功能,而是处于辅助性地位,而且相当部分为官营或由政府严格规管。 3. 汉武帝推行了垄断重要工商业的政策。武帝元狩四年(公元前119年)推行盐铁专卖,在产盐区设盐官;亦以铁官直接控制铁制品生产和流通。铸铜、钢铁、织造乃至制瓷业都部分纳入了官营。	1. 西汉长安城北住宅区有官邸、侯王及外国驻京的府宅。 2. 东汉洛阳城内有达官贵族居住区,如广步里、永和里等。一般百姓住宅在南城各里坊,也有居住在城外者。 3. 汉代城市之内环境挤迫,人口密度很高。

	城镇体系与城市化	城市规模	城市空间布局
南北朝	1.南北朝的政治和军事背景，强化了汉末以来门阀和庄园式的自给经济。 2.北魏（北朝）都城洛阳，公元493年，北魏将首都从平城（大同）迁至洛阳，实行汉化政策以控制汉族为主的北方；南朝都城"建康"，历东吴、东晋、宋、齐、梁、陈，为六朝国都（229—589年）。建康在长江南岸，三面环山，正是"山围故国绕清江，髻鬟对起，怒涛寂寞打孤城，风樯遥度天际"，一派居位优良的气象。	1.北魏（北朝）都城洛阳。面积共20平方千米，人口约50万。 2.南朝"建康"。梁朝时，有人口28万户，约100万人。	1.北魏（北朝）都城洛阳。新城由汉人李忠规划，是中国最早的三重城（宫城、皇城、廊城，但至今仍未发现外城墙）首都，严谨等级及规整比汉代长安更贴近儒家精神。强化了中央集权意识，将"前朝后寝"合为宫城，并位于北部中央位置。宫城正南门往南延伸的是全城南北主轴——铜驼大街，两旁分布官署和宗庙及社坛（左祖右社）。全城亦为棋盘式街道，皇城开十三门。 2.南朝"建康"。六朝时基本保持东吴孙权时空间格局。由于战略要求，城郊广设军事堡垒，如石头城、越城等。宫城居中偏北，占全城1/4。南北向长7千米的御道成为中轴线，两旁分置官署。但"左祖右社"设在廊城，而其布置亦左右倒置。亦是三重城，廊城开十二门，南北墙各四，东西各二。
唐	1.新的基建，如全国性的驰道网、运河网，以及高效率的官僚架构，使中国的地理空间一体化，亦促成巨大核心区的形成。南北大运河成了沟通长江流域和中国北方的粮食通道。唐朝亦将前朝的驰道扩充为一个总长5万千米的全国驿道系统。以长安为轴心的干道网，每30千米路程便设一驿，全国共设驿站1639个，中央和地方政府亦向合格人士发给通行护照。 2.中唐后，由于连接核心区和中亚的陆路交通中断，中国与本来正在汉化的边境邻国联系断绝，导致向南发展的态势，最后引致经济、人口和政治核心南移至长江流域。 3.运河上繁忙的交通，促进了河两岸城镇的手工业和其他商品的生产和贸易，包括与外国的进出口活动。 4.安史之乱（755—763年）后，中国往中东和印度的陆路重新阻塞，南中国沿海的商港因而兴起，中唐后更关注海洋贸易，使海港城市成为新的中外贸易门户。	长安，面积87平方千米，城墙内人口达100万人，另在城外郊区还居住了约100万人。它成为当时最大的按预先规划而建成的城市，以及最大城墙城市。城内有外国人约10万名，其中8000人为留学长安的学生，包括波斯、阿拉伯、突厥、朝鲜人、吐蕃、日本和越南人等。	1.城市空间的布局体现了秩序、等级和统一性等礼乐原则。其中，长安的工整和等级观念比汉魏及南北朝更为严格，成为成熟的儒家城市文明和城市结构典范。 2.由城市主干道形成的南北中轴线贯通全城，体现执中规律性的礼乐原则。城市的核心乃官员的衙门，而附近更有官学和考场。轴线两旁分别布置了文庙（孔庙）和武庙。其中，长安城作为中轴线的御道最宽，为150米。其他干道都是南北或东西走向，形成规格严谨的棋盘状，路宽按其等级为40—70米不等。 3.长安城宫殿（大朝和皇寝）形成一个专区，与城市其他地区分隔，并位于全城北部的中央，显示皇权的至高无上。遵从《考工记》前朝后寝规定。前朝也在宫城外随中轴线南延，形成承天门至皇城正门朱雀门之间的御道两旁各部官署。 4.宗庙和社坛两个重要的儒家礼乐建筑仍按传统，即左祖右社，在御道两边分置。 5.外城或廊城从三面围绕皇城，本身亦有城墙。外城共十二门，每边墙各三门，但北门中央无门，这是按道家学说——煞气来自北方，因而避之。

城区之"市"	工商业体系	城市人居环境
1. 北魏（北朝）都城洛阳。全城共有四市，三个在廓城，一个在皇城。后者在皇城北部。南部的四通市为外商贸易之所。 2. 南朝"建康"。城内市和坊严谨规划和管理。		1. 北魏（北朝）都城洛阳。南部的四通市，其南的八坊主要是外族所居。洛阳城中普建佛寺共1367座，是北朝的重要宗教和商贸中心。 2. 南朝"建康"。城内市和坊严谨规划和管理。是中国佛教中心，有佛寺数百座，僧尼约10万众
1. 宫城位于北部，市被移至南部的住宅区，使传统的面朝后市被倒过来。长安两大市肆——东市和西市设在外城，各占两坊，即约1平方千米大小。市内设市局及牙准局，半天交易，从日中至日落。市内有四条南北或东西向的街道将坊分成九区，区内四面店铺临街。此外，一些店铺及工场亦散落于临市的各坊。 2. 市民受里坊制约束。除了三品以上高官外，住宅皆不能在坊墙开门。 3. 中唐以后南方一些大城市如广陵（扬州），商贸活动已冲破坊门，开始沿街设店，同时也出现了夜市和城外的定期集市——草市等。 4. 唐代一些城市特别为番商专门设市，体现了唐代对外贸的鼓励和它包容性的城市文明。	1. 遵从周至汉代抑商传统。 2. 城市的商贸活动亦由官方严格控制，并只准在市肆内进行，而市肆亦只许人口过3000户的州县治开设。 3. 商贸和手工业的蓬勃发展使同一类商品在市肆中某一区集中，同类商贩也集结成行会。唐代记载共有220行。 4. 安史之乱再次导致人口南迁，朝廷在南方建立数个专营事业，其中盐的专营提供了国库年入的一半，而茶叶专利则贡献了年纳的1/10。大量的商品流通和贸易活动导致了最早的支票"柜坊"和"飞钱"在9世纪末出现。	1. 宫城和市民距离拉远。 2. 市民受里坊制约束。城内设109坊，分别是方形或长方形，为有坊墙分隔的居住小区。傍晚时击街鼓八百后便关坊门，五更二点则再鼓而开坊门，依汉制形成一个规整的城市居住管理系统。 3. 长安与稍后的欧洲中世纪城市相比，是相对自由和开放的城市，各民族文化、宗教受到包容和礼待。 4. 宗教建筑，包括道教、佛教和西方一些宗教的寺庙成为长安、广州和广陵的城市特色，尤其是高耸的佛塔。据公元640年的统计，长安城内有佛教寺庙106座，道教寺观36座，波斯拜火教寺2座，大秦寺（基督教）4座。 5. 唐如隋制，在国内重要城市建设官仓、官立学校、法典，并将传统的礼乐制度发展至历史的新高峰。

	城镇体系与城市化	城市（首都）规模	城市空间布局
宋	1.由商贸、制造业、娱乐和服务业所孕育出来的新城市文明，凌驾于传统的行政功能之上。 2.商业税和专营税大部分来自城市，故经济可称为"新经济"。 3.14%的人口拥有了全国77.5%的耕地面积。不少农民失去土地，被迫流入工、商及服务性的行业，促进了非农经济和城市化发展。 4.户籍制度把居住在镇、寨和城市中的居民定为"坊廓户"，向官府缴纳房产税和地基税、承担劳役等。汉唐行政型城市至此时已转型为商贸和娱乐型新城市。	1.北宋开封城：皇城，亦即内城，约等于唐时汴州的范围，面积4.5平方千米。1021年宫城住35550户；皇城被分为十厢，共辖121个分区（坊），住62200户。廓城分为四厢、十五坊，住10万户。再加上约40万军队和官员，全城人口约100万，是当时世界最大城市。 2.南宋临安城：呈不规则南北狭长型，面积约14平方公里。	1.北宋开封城。（1）封闭式里坊瓦解，代之以开放式的街巷；（2）居住和商贸、服务活动采取线状或带状式，沿主街、河道和交通交叉点分布；（3）宫城仍居中心。由宫城正南门开始的御街是皇城和全城的中轴线，两旁分列文、武官署。（4）在皇城南部，按《考工记》"左祖右社"分设有宗庙和社稷坛。（5）下级城市中，官署仍占有核心位置。（6）全城道路以宫城为核心，棋盘式地向外延伸。南门外的御道为主轴，宽300米，亦成为主要商业街。其他道路多是15—20米。（7）开封重视对城市路旁与沿河地带种植花树等绿化措施，并且成为规划和建设城市的基本原则之一。（8）攻击性火器改变了城墙防卫性设计。城墙改由石砌或铺以砖替代夯土墙，并且建有敌楼、箭楼和深邃的城沟。 2.南宋临安城。（1）皇城宫室建在凤凰山东南麓，里坊街市分布在吴山、凤凰山以北。宫城大内坐西面东，依山势而上，只在宫室北面设有城墙。（2）宫城南门与外罗城之间，安置为皇室服务的各类衙司、库院、教场；宫城北侧门外，沿街散处三省六部等中央衙署、太庙、五府等。
元	1.蒙古横跨亚欧的庞大帝国，以及完善的以大都为中心的驿道系统，促进了亚欧的陆上交通，拥有驿站总共1500处。 2.城市化发展处于低潮期。对于较繁盛地区的城市人口，元特设官署管理，称为"府治"。在中国北方有24府，南方则有77府，其中浙江一地共30府。 3.元代海运和大运河的漕粮运输，以及海上和陆上的对外贸易，亦造就了一些城市的发展。	1.元大都是当时世界上最大的都城，面积49平方千米，但其高峰人口只有50万（包括官员和军队），因而它的北廓城有大片空地。	1.大都规划体现了忽必烈汉化倾向。由汉人刘秉忠和阿拉伯人也黑迭儿负责规划和修建，受《考工记》影响很深，体现出左祖右社、前朝后寝、中轴对称、三套城墙、城墙方正和各墙三门、南面而王等传统原则。不过，也加插了一些道教原则，如北墙只有二门，缺中间一门。 2.与唐宋都城不同，大都文、武官署较为分散。 3.大都宫城内有若干盖顶殿（瓢状）、畏吾尔殿、棕毛殿等。殿内装饰亦富于蒙古毡帐风格，反映出元是个多民族国家。 4.元大都分为外城、内城和宫城三部分。内城占有全城的东南大部分，外城仅仅附加于内城的西北两面，而且外城的北部为御园所在，仍为内城的附属设施。宫城在内城北部正中，东西宽约570米，南北长约620米。

城区之"市"	工商业体系	城市人居环境
1.北宋开封城。商业街和商业区多沿大道及河道两旁作线状分布，有时亦和居住区混在一起；严格管理的封闭式市肆，变为24小时营业的、开放式的商业街和小区；有丰富的文娱和演艺活动，而且主要由私人作营利性的提供；城东南角的两条沿汴河大街是全城最繁忙的仓储和商业区，漕运由此入城；城内官办工贸专营雇有很多人，单是为王室和贵族制造奢侈品的工艺师便有八九千人，还有专门生产兵器的工匠3700人；全城有六大娱乐区——瓦子，分布在内城（皇城）和廓城不同地段；商店和酒家、食肆遍布全城（除宫城外），以沿汴河和主干道最为集中。 2.南宋临安城。城内最繁华的商业街区为御街，两侧门面均开有商店，还组织成各类"行"和"市"。城内小河（市河）、大河（盐桥运河）、西河（清湖河）为主要水上交通线，沿河近桥街市商业繁华。	1.以乡土、贸易、制造业行业组成的行会和同乡会成为当时城市的另一特色。 2.改变了工商业依赖王室和官僚的传统，由以制造和营销奢侈品为主，转向以大众消费品如食品、日用品等为主，引致工商业的扩张和普及。 3.以国家财政收入估计，北宋政府来自商业税、专营的收益与农业税收入相等，至1077年更达70%。南宋时一直超过了来自农村的收入，占国家总税收2/3以上。	1.城市居民的户籍定为坊廓户，其义务与农村户籍不同，首次出现了"城市居民"的概念； 2.对居民严格时空管制转变为市民在生活和活动上的自由。 3.宗教成为新城市文明内涵之一。 4.开封城于北宋晚期在宫城外东侧加建皇家园林，即600米×500米大的"艮岳"，其内遍布从太湖等南中国运来的奇石和花木。 5.由于城市的规模、密度和加快的生活节奏使火灾危险度提升，开设了城市防火灭火的官方机构；其中开封城的内城被划为14个消防区，外城则为8个，每450米的距离设置一个消防站，全市共有3400个士兵充任消防员。
城中心设有"行市"。至元三十年（1293）通惠河建成后，南方商船可直接进入城中心，停泊了积水潭，城中心商业繁荣。城西设有羊角市和西市。城东设有旧枢密院角市和东市。城门口内外设有行市。	1.市场数目和规模逊色唐宋。 2.商业贸易成为蒙古贵族、官僚、色目商人和寺院豪夺民利的工具。最厚利的盐、铁、茶、酒、醋、农具、竹木等由政府专营。但瓷器则为例外，多由私营，使制瓷成为最蓬勃而遍及全国的产业。 3.元，大都的商贸由约2000个色目商人经营。	元朝奉行宗教宽容政策，元大都内各宗教建筑很多，但以喇嘛教最多。 元大都内市场分布均衡，市民生活便利。 元大都内水系较发达，绿化面积占比高，如，御园占据外城大部分空间。

	城镇体系与城市化	城市规模	城市空间布局
明	1.行政体系和城市体系紧密挂钩：两京和十三行省——北京和南京，其后行省增至15个。府——140个（宋有30个）。州——190个（宋有254个）。县——1138个（宋有1284个）。1368—1552年间，人口由6380万增至1亿。 2.明初制定了"各类人户以籍为断"的限制城市化政策。但是自明中叶始，户口制开始崩坏，富户和官员并购土地，不少民户因失却土地而流入城市工作或成为佃农。 3.由于官办手工业的没落以及赋役的货币化，私营手工业兴盛，导致中国的"第二次商业革命"和专业工商城市、工商业市镇出现，包括四大都会、八大工商业城市、沿大运河城市、其他工业城镇等。形成四大工业区，即纺织工业区（包括松江、潞安等），苏州、杭州丝织区，芜湖染布区和宣山制纸区。 4.北部修长城、置九镇，东南沿海则筑"卫""所"等军事聚落以防蒙古、倭寇，形成了以军事为主、商贸为辅的新型城市聚落。	明代最少有五个城市人口过百万，即两京和商贸都会苏州、杭州和开封，30万—50万人口的大城则比比皆是。其中，南京城为四重城，包括了外廓城、应天府城、皇城和宫城。外廓城约90平方千米，依山带江，利用自然土坡垒成城垣。应天府城约43平方千米，是当时世界第一大城。 明永乐帝迁都时，北京城墙"周围四十里"，实际总长度43.11里，"凡庙社、郊祀、坛场、宫殿、门阙，规制悉如南京，而高敞壮丽过之"。至嘉靖年间，北京城规模已拓展至36坊。	南京城由刘基等卜地和规划，为三重城（宫城、皇城、廓城）。宫城、皇城见方，依《考工记》规律布局。宫城在皇城中央，正门为南门（午门），与皇城正门（洪武门）、廓城正门（正阳门）成为全城中轴线。宫城前朝后寝，午门外左祖右社。中央机构设在洪武门内中线两侧。应天府城在皇城西边。廓城作不规则形状，主要包括防卫性高建堡垒，如石头城。秦淮河流贯穿应天府城郊区，在廓城之内。然而两组重要礼仪建筑——先农坛和天坛，则建在廓城正阳门外。 明永乐年间迁都北京后，在元大都基础上，重建宫殿，且为安排皇城以南千步廊两侧的中央重要官署，把北京的南城墙向南迁移。整个城市"为九门"。为加强中央集权，众多王邸建在皇城内。皇城以外有中、东、西、北四城，为内城。南城为外城。嘉靖年间，随着大城以南地区的繁荣，又建起了"南外城"。
清	1.全球经济一体化成为清代城市化动力之一。 2.新儒学城市文明。（1）城市功能。行政功能为主，为周边农业地区提供中地服务；军事为次要功能，一些城市成为边防重镇或驻兵之地，推动帝国扩张。（2）城市主要特色。地方政府的治所，即衙门（官署）所在地；士大夫以及地方官学（县学、府学）、国子监、科举试场、孔子庙（文庙）等儒家思想和价值观传播的机构的集中地——儒家教化中心。 3.城市体系与行政体系混合为有机体。	清代北京城初始规模与明代同。	清代城市多了民族隔离特点。主要城镇中，八旗军与八旗子弟占据城的一面，称"满城"，和城市其他部分分隔；满城并有防御围墙。这反映出汉满人口100：1的极端比例，以及由此产生的满族人的缺乏安全感。 清代北京大城几乎完全沿用了明代的建置，甚至城门名称亦未变动。皇城和紫禁城基本沿用明代布局，只是改变了几个门和宫殿的名称。但是宫城内陆续改建了重要宫殿，并有所增改。

城区之"市"	工商业体系	城市人居环境
1. 应天府城东部是市区，西部是军事区。市区工商业云集，秦淮河穿城而过，两岸商业极繁盛，有13个大市场，铺户贸易103行（每行有10—20间小铺）。 2. 南京手工业发达，有织造、印刷、造船和建筑等四大部门，官府匠户4.5万人。定淮门外近长江的龙江宝船厂是全国三大造船基地之一，每年能造海船200艘。 3. 北京城因漕运河道失修，积水潭日渐淤塞，丧失交通功能，商业中心随着交通的变迁而由北向南迁移，大城正阳门、崇文门和宣武门以南成为商业最为发达之区。嘉靖后，因行会制度推行，正阳门和宣武门外陆续建起行会会馆和各地会馆，更增加了城南地区的商业繁荣，最终促成了"南外城"的建设。东城的东四牌楼和西城的西四牌楼亦为商业发达之地，称为"东市""西市"。	1. 明初，手工业承元代制，多为官办。登记匠户有匠人30万名，助手150万名。 2. 运河替代了元末海上漕运。大运河由杭州至北京，单是漕粮每年便需船1万艘，兵卫12万。 3. 自公元1522年后，每艘漕船可私带16石免税商品，并自行买卖，令运河沿线成为重要的商道。 4. 棉花成为主要经济作物。棉织品成为重要的城市商品，其大量贸易亦影响了明代城市体系结构。	南京是全国教育和文化中心，有官办的太学、府学、县学和私营的书院。国子监学生达9000人，包括高丽、日本、暹罗等国的留学生。 北京城内商业布局均衡，除城南商业中心外，东城、西城均有商业次中心，市民生活便利。基本延续了元大都的水系布局，生态环境优美。
清代北京城的主要商业区大体上沿袭明代布局，又有进一步发展。内城以东、西四牌楼为商业区，外城以正阳门外大栅栏最为繁荣。正阳门外偏西的琉璃厂，随着生产功能的丧失，逐渐转型发展为"文化街"。	清代工商业的突出特点是对外通商口岸。（1）直接管治型：包括4个割让地区，6个租借区，7个由外国铁路公司控制的铁路城市，以及3处由法国和德国占用地区。（2）设有租界的条约港：一共包括11个城市的26个租界。（3）其他沿海沿江共70个条约港。它们无可否认地在中国传统的城市系统中添加了一个新的子体系，形成某种程度的中国城市空间和城市化过程的二元性。	清代北京城人居环境基本沿袭了明代布局。

附表三　　潍坊政区历史沿革与城址变迁考证表（北齐至隋）

出处年代	（地理位置）	北齐政区改革前	北齐 （556 年北齐政区改革）
			天保七年（556 年）政区改革，青州地区城市数量由（东魏武定四年）107 座，减少到 31 座，且迁移、新置部分郡、县治所位置。潍坊周边裁撤平寿县、营邱县、淳于县和胶东县。
《隋书·地理志》（成书于唐伍德年间的 662 年后）	今潍坊驻地	下密（置北海郡）	高阳郡（后齐改北海郡曰高阳，治下密县）
唐《元和郡县志》（以唐元和八年，即 813 年为基准）	今潍坊驻地	汉平寿地（属北海郡）	
宋《寰宇记》（成书于宋太宗兴国年间，976-983 年）	今潍坊驻地		
	废西下密县（潍州西二里）		
清杨守敬《隋书地理志考证附补遗》	今潍坊驻地	平寿县（置北海郡）	高阳郡（后齐改郡曰高阳，治北海县）
清叶圭绶《续山东考古录》	今潍坊驻地		
	潍州西二里	疑后魏下密已徙此	高阳郡（后齐改郡曰高阳，治下密县）
考证推论	今潍坊驻地		
	潍州西二里		高阳郡（后齐改北海郡曰高阳郡无异议，当治下密县，为两家之言，唯杨守敬先生认为治北海，其它两家未言及）

隋开皇三年 （583 年）（或开皇初）	隋开皇十六年 （596 年）	隋大业二年 （606 年）（或大业初）
废除郡级行政机构，魏晋以来州－郡－县三级体制变为州（郡）－县二级制。	大量县级政区增加，州县统辖关系失衡。青州统县数量已达16县。故析州，青州一分为二。	隋炀帝大业二年天下州县省并，青州地区相继废除开皇六年后新置7县，使青州由16县缩减为9县。
下密县（废高阳郡）	潍州（分青州东部7县置潍州，治下密县）	北海县（废潍州，改县名）
下密县（罢高阳郡，置下密于废郡中，属青州）	潍州（置潍州，治下密）	北海县（废潍州，改县名）
	潍州（于北海县置潍州）	
	下密县（由昌邑移置于宋太宗兴国年间所言之废西下密县）	
下密县（废高阳郡，改北海县曰下密）	潍州（分青州东部7县置潍州于下密县）	北海县（废潍州，复改下密县曰北海）
		北海县（改下密为北海县）
下密县（废高阳郡）	潍州（治下密县）	废潍州
		北海县（废潍州、改曰北海县为"五家之言"，无异议。唯笔者认为北海县城为东迁一里半于近代潍县城址新建。）
下密县（废高阳郡、废郡中留置或移置下密县为"四家"共识，宋《寰宇记》未述及）	潍州（分青州东部7县置潍州无异议，当治下密县）	原潍州城于大业八年（613）或大业九年（614）"因贼陷俱废"。

附表四　潍坊今址部分相关历史古城城址沿革表

时代城址	潍城城关	潍城西关 自怡园附近	潍城 平寿村	昌乐 古城村	昌乐营邱南 高家庙村
龙山文化（距今4500-4000年）					中心聚落（有城壕），26万平。
岳石文化（夏）（距今3900-3600年）					夏平寿国都
商周春秋战国				遗址外城墙东北部部分商周文化遗存。	战国平寿邑
西汉、东汉				汉平寿县治（属北海郡，古城遗址东南部）。	
东汉末、曹魏				1.北海国临时治所。建安三年（198年），曹操任命臧霸集团之孙观为北海相，以平寿县为国治，占据北海国南部数县，规模扩至1500米×1480米。 2.北海郡治（自剧县移治）。	
西晋、十六国、北魏、东魏（北朝）			平寿县治，北魏皇兴三年（469年）迁此。	北海郡治，北魏战胜刘宋后将寄治东阳城的北海郡治迁回。	

昌乐河西村	昌乐马宋村	剧县	青州东阳城 （益都）
20 万平方米			
齐国初封地营丘、春秋缘陵城，20万平方米。			
	1.营陵侯国治地，高祖十一年迁此。 2.营陵县治。 3.北海郡治。景帝二年新设北海郡，设治于营陵县。	临时州治（军事割据）。西汉末年，张步以剧县为政治军事中心尽占青、徐二州之大部，提升了剧县城市能级。	
		北海国都。光武帝（52年）改北海郡为北海国，将治所从营陵移置原菑川国国治剧县。	
	营陵县治（平昌郡属）		青州州治（北海郡治），南朝刘宋时期北海郡寄治东阳城。

时代城址	潍城城关	潍城西关 自怡园附近	潍城 平寿村
北齐、北周 （北朝）		高阳郡治（下密县治）。北齐天保七年（556年）改北海郡为高阳郡，与下密县同治。至大业二年（606年）东迁"二里半"新建，此址历时50年。	平寿县治，北齐天保七年（556年）废，此址历时87年。
隋	北海县治。大业二年（606年）由（西）下密城东迁"二里半"新建，并改县名为北海。	1.下密县治。开皇三年（583年）高阳郡被裁撤，留置下密县，属青州。 2.潍州州治。开皇十六年（596年）置潍州，治（西）下密县；大业八年（613年）或大业九年（614年）"因贼陷俱废"。	
唐	1.潍州州治。武德二年（619年）改郡为州县制，重设潍州，治北海县，武德八年（625年）潍州再被撤，历时6年。 2.北海县治，属青州。		
宋金元	1.北海军治。建隆三年（962年），北海县设北海军。 2.潍州州治。乾德三年（965年）升北海军为潍州，并分别在原都昌、营丘故县新置昌邑、昌乐两县，归潍州管辖。		
明清民国	1.潍州州治。洪武元年（1368年），撤北海县并入潍州，仍隶属于青州府。 2.潍县县治。洪武十年（1377年），降潍州为县，改名潍县，改属莱州府。		

昌乐 古城村	昌乐营邱 南、高家	昌乐河西村	昌乐马宋村	剧县 （今昌乐西约 10里）	青州东阳城 （益都）
	夏平寿 国都。				北海郡治。大业三年 （607年）改州为郡，合青 州、潍州为北海郡，治东 阳城。

附表五 隋代北海郡（青州）辖县废置情况一览表

县名	今址	始置时期	北齐时期
益都县	今青州市驻地	汉旧县，原址在寿光县南 10 里。	北齐移入青州北门外三公所
临淄县	今淄博市东临淄区	齐国故都。	北齐废（东安平，西安并废）
千乘县	今东营广饶县	汉置，原址在今高宛县北，隋初移于今址。	
博昌县	今东营博兴县东南	汉县，原址在今博兴县北 12 里，北齐移至永安郡，开盘六年改为逢山县，又置阳县。	北齐天保七年（556年）废，置乐安县乐安郡
寿光县	今寿光市驻地	汉置，原址在寿光县北里。	刘宋省废
临朐县	今临朐县驻地	汉置，原为昌国县。	
都昌县	今昌乐县东北都昌	汉置，原址在今昌邑县西 2 里。	晋末省废，北魏初移此
北海县	今潍坊市驻地		北齐移下密县，于今潍县西 2 里。
（东）下密	今寒亭区前吉家村	北魏皇兴二年（468年）移胶东县于此。	北齐省废

✕ 资料来源：根据《隋书地理志》统计制作，以大业八年为限。

开皇年间	大业年间
开皇初废	大业初置北海郡
开皇十六年复置临淄县及时水县。	开皇十年（590年）时水县、高阳县并入。
旧置乐安郡，初废郡。	
开皇三年（583年）废乐安郡。	开皇十六年（596年）改为博昌县，开皇十八年置新河县，大业初废入博昌县。
开皇六年于县北1里复置，开皇十六年置闾丘县。	大业初闾丘县废入。
	大业初改名临朐，并废阳县。
	隋末战乱毁
开皇十六年（596年）于下密县置潍州。	大业初废（西）下密为北海县。
开皇六年（586年）复置，改潍水县。	大业三年（607年）改（东）下密县。